ワインに合う
フランスとっておき
田舎レシピ

伊藤由佳子＊著

阪急コミュニケーションズ

Sommaire ✤ 目次

01 Languedoc
ラングドック地方

- 008 豚肉のソテー オリーブ入り
  #01 Sauté de porc aux olives
  Clos Bagatelle rouge
  Saint-Chinian "Cuvée Tradition"

- 012 トー湾産
  カキのオーブン焼き
  #02 Des huîtres de l'Etang de
  Thau gratinées au four

- 016 クルスタード
  （肉のパイ包み焼き）
  #03 Croustade

- 020 鶏肉とネギ、
  タマネギの壺焼き
  #04 Marmite de blanc de volaille
  sur fondue de poireaux et d'oignons
  doux des Cévennes

- 024 ドーブ・ド・サングリエ
  （イノシシ肉の煮込み）
  #05 Daube de Sanglier

- 028 Column 01
  バター派？ オリーブオイル派？
  どっちも使う派？

02 Rhône
ローヌ地方

- 030 七面鳥胸肉のチーズ焼き
  #06 Escalope de dinde au
  fromage aux herbes

- 034 鳩のヴィニュロン風
  #07 Pigeon vigneron

- 038 鴨胸肉のセップ茸添え
  シャトーヌフ・デュ・パプのソース
  #08 Magret de canard aux
  cèpes sauce Châteauneuf du Pape

- 042 仔羊モモ肉の
  オーブン焼き プロヴァンス風
  #09 Gigot d'Agneau à la provençale

- 046 Column 02
  濃くて煮えにくいフランスの野菜、
  淡くて煮えやすい日本の野菜

03 Bourgogne
ブルゴーニュ地方

- 048 メロンと手長エビの冷製
  #10 Melon fraîcheur

- 052 ル・ブッフ・ブルギニヨン
  #11 Le bœuf bourguignon

- 056 シャロレー牛肩肉のブレゼ
  シャルム・シャンベルタンで
  #12 Paleron de charolais braisé
  au Charme Chambertin

- 060 ブレス産鶏ささ身肉のグリル
  季節のキノコ、カボチャ、
  白インゲンのピュレ
  #13 Volaille grillée avec les
  champignons de la saison,
  purées de potiron et haricots blancs

- 064 ブレス鶏の丸焼さ
  #14 Poulet de Bresse rôti

068 アンドゥイエットのグラタン
　　　白ワインとマスタードソース
　　　#15 Andouillette au vin blanc
　　　et à la moutarde

072 ブレス鶏ムネ肉と
　　　リ・ド・ヴォーのソテー
　　　野菜のジュリエンヌ添え
　　　#16 Suprême de volaille de Bresse
　　　accompagné d'un ris de veau et
　　　sa julienne de légume

076 Column 03
　　　料理上手な主婦ほど、
　　　切れない包丁を使っている？

04 Champagne
シャンパーニュ地方

078 グジェール
　　　#17 Gougères

082 プール・オ・ポ（鶏肉の煮込み）
　　　#18 Poule au pot

086 Column 04
　　　残ったシャンパンやワイン、
　　　どうやって保存していますか？

05 Alsace
アルザス地方

088 シュークルート・ロワイヤル
　　　#19 Choucroute royale

092 ベックオフ
　　　#20 Baeckeoffe

096 Column 05
　　　おうちアペロで友人との会食を
　　　気軽にスタート！

06 Loire
ロワール地方

098 熱いクロタン・ド・
　　　シャヴィニョルと
　　　マーシュのサラダ
　　　#21 Salade de mâche au
　　　Crottin chaud

102 ホタテ貝のソテー
　　　アンディーヴ添え
　　　#22 Coquilles Saint-Jaques
　　　au fondue d'endive

106 ブランケット・ド・ヴォー
　　　（仔牛のクリーム煮）
　　　#23 Blanquette de veau

110 タラのナント風ソース
　　　#24 Filet de cabillaud sauce nantaise

114 Column 06
　　　豚肉、鶏肉、牛肉？
　　　フランスで人気の高い肉は。

Sommaire 目次

07 Dessert
デセール

116 プルーンのクラフティ
Dessert #01
Les clafoutis aux prunes

120 ヴェルヴェーヌ風味の
パンナコッタ
Dessert #02
La panna cotta verveine

121 カスタードクリームの
キイチゴ添え
Dessert #03
Crème pâtissière à la framboise

122 セヴェンヌ産リンゴのタルト
Dessert #04
*Des pommes "Reinettes du Vigan"
caramélisées sur un fond
de pâte brisée*

08 Voyage Gourmand
小さな美食旅行

124 Lyon
リヨン

126 Mont Saint-Michel
モン・サン＝ミッシェル

128 Bordeaux
ボルドー

131 Carte des Vignerons
ワイナリー・マップ

ワイン専門用語

Le terme du vin

AOC
アペラシオン・ドリジン・コントロレ（Appellation d'Origine Contrôlée）。INAO（原産地呼称委員会）の規定による、上質なフランス農業産品に与えられる呼称。ワインの場合は、産地のエリア、品種、栽培法、醸造法などの規定がある。

AOP
アペラシン・ドリジン・プロテジェ（Apellation d'Origine Protégée）。AOCとほぼ同義だが、EUの規定によるもの。品質保証の等級のうち最上級で、その下にIGP（Indication Géographique Protégée、地理的表示保護）、地理的表示なし、の２つがある。現在AOCから表記が切り替わりつつある。

オーガニック栽培
無農薬有機栽培。オーガニックワインは、ブドウの栽培と醸造について「エコセール(ECOCERT)」などの認証を受けた無農薬有機栽培のワイン。フランス語ではビオロジック、もしくはビオと呼ばれる。

ビオディナミ栽培
オーストリアの思想家ルドルフ・シュタイナー（1861-1925）の考え方に基づくオーガニック栽培方法。天体の運動や農園生態系への独特の視点から生み出された方法論を取り入れており、認証団体としてデメテール(demeter)などがある。

ドメーヌ
Domaine、ワイナリーを指すフランス語。地方によってはマス(Mas)、メゾン(Maison)、シャトー(Château)とも呼ばれる。

Introduction

ワインに合うフランスの家庭料理を知りたくて、
小さなワイナリーのキッチンへ。
奥さんやお嬢さん、時にはお父さんが
地元の食材を活かして、
誇らしげに料理を作ってくれました。
最後は誰もがワインで少し顔を赤くしながら、
仲良く笑って食べる、
家族のぬくもりいっぱいの、おうちごはんのレシピたち。
お休みの日、お客さまが来る日、
ちょっと疲れた日にもぴったりです。
ワインと相性がよく、
元気になれるとっておきレシピで、料理を作ったり、
ワイナリーをめぐって楽しみませんか？

01
Languedoc

ラングドック地方

山沿いと海沿いのエリアを持つ
広大なラングドックのワインと食は、非常に多彩。
山沿いでは赤ワインとジビエの煮込み「ドーブ」や、
白インゲン豆と肉類の煮込み「カスレ」などが名物。
海沿いの地域では魚介類が食卓によく並びます。
18〜19世紀にイタリア移民が持ち込んだとされ、
現在では地元のスーパーでも一般的な
イカやタコ入りのパイ「ティエル・セトワーズ」、
イカの肉詰め「アンコルネ・ファルシ」などは、
潮の香りがする地元のワインにぴったりです。

Languedoc ✦ ラングドック地方　　　#01

豚肉のソテー
オリーブ入り

Sauté de porc aux olives
Clos Bagatelle rouge
Saint-Chinian "Cuvée Tradition"

　冷蔵庫のトマト、豚肉、使いかけのハーブ。あとはオリーブを揃えてさっと炒めるだけで、南仏はラングドックの味わいが生まれます。ポイントはオリーブとハーブ。トマトの旨味に、オリーブの酸味とハーブの爽やかな香りが加わったひと皿は、後味がとても軽やか。フルーティで、取り澄ましたところがないのにエレガントな、ラングドックのワインにぴったりです。豚肉の代わりに鶏肉や新鮮な魚でも作れます。

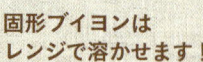

固形ブイヨンは
レンジで溶かせます！

旨味が欲しい時には化学調味料無添加の固形ビーフブイヨンを使います。そのまま鍋に加えると溶けにくいので、適量の水とともに耐熱性のグラスに入れ、ラップ紙をかけ、レンジで1〜2分間加熱すると便利。

材料（4人分）

豚ロース肉500ｇ／塩漬けオリーブ（ブラック、グリーン）300〜400ｇ／タマネギ1個／ニンニク1片（みじん切り）／トマト1個／白ワイン200㎖／固形ビーフブイヨン1個（12ｇ）／水300㎖／ネズの実2〜3粒／ローリエ2〜3枚／タイム3枝／塩5ｇ／コショウ（白・赤などのミックス）適量／オリーブオイル適量／ミニトマト、タイムの枝（飾り用）各適量

作り方

1. 豚肉は大きな角切りにする。フライパンにオリーブオイルをひき火にかけ、薄切りにしたタマネギを炒め、次に豚肉を加えて表面を焼き付け（写真A）、ニンニクを加える。
2. 8等分にして種を取ったトマトを加えてさらに炒める（写真B）。ネズの実の中身をナイフで取り出して加える（ネズの実は、なければ入れなくてもよい）。
3. タイムの枝から葉を外して入れ、ローリエも加える。白ワインを注ぎ入れる（写真C）。アルコール分が飛ぶまでしばらく煮る。小さめのボウルに水と固形ビーフブイヨンを入れ、ラップ紙をかけて電子レンジで2分間加熱する。
4. オリーブ、塩、コショウを加える（写真D）。3で溶かしたビーフブイヨンを加え、弱火で約15〜20分間煮たら完成。ミニトマト、タイムとともに皿に盛り付ける。

オリーブは、グリーンオリーブとミックスオリーブを混ぜると彩りが美しい。なければグリーンオリーブのみでも。

弟とともにワイン醸造もするクリスティーヌ・ドゥルーズさん。「祖母は料理が上手で、レシピ帳が今も残っています。私は彼女の大鍋を相続したのよ」

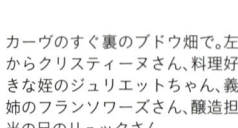

カーヴのすぐ裏のブドウ畑で。左からクリスティーヌさん、料理好きな姪のジュリエットちゃん、義姉のフランソワーズさん、醸造担当の兄のリュックさん。

Christine Deleuze
手早く作れて、お財布にもやさしい南仏の味わい

　ワイナリーのマーケティングも担当するクリスティーヌ・ドゥルーズさんの毎日は多忙なため、料理だけに時間を割くこともできない。
「ここ、サン・シニャン村ではジビエ（猟獣）も捕れるので、祖母のレシピにはイノシシ肉の煮込み料理などもあるの。でも、重たく、煮込みに時間がかかってしまうので、豚肉を使うことを思いついたの」
　豚肉を炒め、オリーブやハーブなど南仏の食材で風味づけ。フルーティな南仏のワインともよく合う一品だ。

Les vins locaux

Clos Bagatelle Rouge Saint-Chinan "Cuvée Tradition"

クロ・バガテル
ルージュ サン・シニャン
「キュヴェ・トラディッション」2009

クロ・バガテルでは、現在60ヘクタールの畑を所有。その大半がサン・シニャン、残りはミュスカ・ド・サン・ジャン・ド・ミネルヴォワという別の産地名。タニックで力強い味わいよりも、余分な樽香をつけず、ブドウの果実味をクリアに出すことに重きをおいた造り。化学肥料はもともと使っていないが、近年は除草剤の使用も中止し、オーガニック認証取得をめざした栽培に踏み切った。

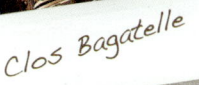
Clos Bagatelle

Un peu d'histoire

クロ・バガテル

ラングドック地方の海沿いの町、ベジエから約20km北にあるサン・シニャン村のワイナリー。クリスティーヌさんの弟のリュック・シモンさんが当主で、畑仕事や醸造を行う。

DATA
Route de Saint-Pons, 34360 Saint-Chinian
☎04 67 93 61 63
closbagatelle@wanadoo.fr
9:00～12:00、14:00～18:00（要事前連絡）
●Paris Lyon（パリ・リヨン）駅よりTGV線でBéziers（ベジエ）駅まで約4時間20分。ベジエから車で約30分。

輸入元：(株)エスポア　☎06-6384-3319　011

Languedoc ✤ ラングドック地方　　#02

トー湾産
カキのオーブン焼き

Des huîtres de l'Etang de Thau gratinées au four

とびきり簡単で豪華、そしておいしいカキの食べ方です。殻を開け、クレーム・フレッシュと好みのチーズをかけ、オーブンで焼くだけ。カキの塩味があるのでソースには塩を入れません。風味付けには、炒めたネギやハーブを加えても。クレーム・フレッシュは、フランス独特の乳酸発酵のクリームですが、市販の「クレーム・エペス」で代用できます。新鮮なカキが手に入った際には、ぜひ挑戦してみてください。

Le petit truc!

殻を開けたら少しおき、水気を出して。

殻を開けたカキは少々置き、出てきた水分を捨ててから調理すると、水っぽくなりません（水が出るのは新鮮な証拠とされています）。

材料（5～6人分）

殻付きカキ30個／＜エストラゴン・ソース＞クレーム・フレッシュ（乳脂肪分30％、68ページ参照）65㎖／エストラゴン3本／白コショウ適量／エメンタールチーズ35ｇ＜ポワロー・ソース＞バター20ｇ／ネギの白い部分1本分／クレーム・フレッシュ 65㎖／白コショウ適量／エメンタールチーズ35ｇ＜プレーン・ソース＞クレーム・フレッシュ 65㎖／白コショウ適量／エメンタールチーズ35ｇ

作り方

1. カキにペティナイフを入れて上蓋をはずし（写真A）、しばらく皿において水気をきる。
2. クレーム・フレッシュをベースに3種類のソースを作る。エストラゴン・ソースは、クレーム・フレッシュときざんだエストラゴン、白コショウを混ぜる（写真B）。
3. ポワロー（ネギ）・ソース用に、きざんだネギをバターで炒める（写真C）。弱火で火を通し、途中、焦げそうになったら少量の水を足す。
4. プレーン・ソースは、クレーム・フレッシュに白コショウを加える。
5. 天板に1cmくらいの高さまで粗塩（材量外）を敷き、1のカキをのせる。エストラゴン風味は、2のエストラゴン・ソースをカキにのせる。ポワロー風味は3のネギとクレーム・フレッシュをカキにのせる。プレーンは、クレーム・フレッシュをカキにのせる。最後にすべてのカキにエメンタールチーズ適量をのせる（写真D）。
6. 250℃のオーブンで15～20分間、チーズが溶けるまで焼く。

チーズの溶け加減が好みの具合になるまで焼く。チーズの上にパン粉を散らしても。酸味のやさしい白ワインが合う。

夫のローランさんとテラスの前で。冬でも天気のよい日にはテラスで食事ができるのは、南仏に住む人たちの特権。

フランス北西部、ノルマンディ地方出身のニコルさん。料理にバターやクリームをよく使う土地で育ったが、結婚を機に、南仏に来てオリーブオイルのおいしさに目覚めた。

Nicole Tarroux
「カキの産地」ならではのオーブン焼き

　ニコル・タルーさんのワイナリーは、モンペリエから約50キロ、海にほど近い小さなリゾート地、メーズの近く。古代ローマ時代からカキの養殖が盛んな地域で、トー湾の新鮮で値段も手ごろな塩味の強いカキが街道沿いのお店に並ぶ。パリや北部のフランス人にとっては、高価なカキはクリスマスに生で食べるごちそう。だがニコルさんの住む土地では、火を通してふだんから食べているそうだ。「それぞれの家で自慢のソースがあるのよ。慣れたら好みの風味で楽しんでね」。

Les vin locaux

Picpoul de Pinet
ピクプール・ド・ピネ 2010 (左)

La Borie Marsanne
ラ・ボリー・マルサンヌ 2010 (中央)

Terret Vieille Vigne
テレット ヴィエイユ・ヴィーニュ 2010 (左)

ラングドックの白の地場品種は、ワイン造りが始まった古代ローマ時代からの淘汰を経て残ったものだけに、暑さや塩味の強い土地に耐性があり、ミネラル感と清楚な香りのあるワインとなる。左は酸味が強く粒の小さな品種のピクプール、中央はふっくらとした味わいのマルサンヌ、右は白い花のような繊細な香りのテレット。いずれも土地のミネラル感と塩味を感じ、複雑味がある。

Un peu d'histoire

マス・サン・ローラン

当主のローラン・タルーさんは4代目。土地の味わいを充分に引き出したミネラル感のある白ワインはぜひ飲んでみたい。質の高い自家製オリーブオイルも人気商品だ。

Mas Saint Laurent

DATA
Hameau de Montmèze, 34140 Mèze
☎04 67 43 92 30　massaintlaurent@wanadoo.fr
10:00～12:00、14:00～18:30
●Paris Lyon(パリ・リヨン)駅よりTGV線でSète(セート)駅まで約3時間50分。セートから車で約30分。

輸入元：(株)トゥエンティーワンコミュニティ　☎03-5413-3211

Languedoc ラングドック地方　　#03

クルスタード
（肉のパイ包み焼き）

Croustade

　パイ包み焼きはフランスの各地で見られますが、中に詰めるフィリングはさまざまで、地方色が豊かです。このレシピではオリーブの風味がきいています。オリーブは煮込み料理やソースに加えると独特のコクが出て南仏らしい味わいになるので、瓶詰を常備しておくと便利です。また、フィリングの七面鳥のレバーやアヒルの手羽元肉などは味に複雑さを出しますが、全部そろわなくても大丈夫。鶏肉でもよいです。

Le petit truc!

パイ皮の破裂防止に必ず蓋に穴をあけて

焼いている途中でパイが破裂するのを防ぐために、パイ皮の蓋には忘れずに穴をあけてください。パイ生地は市販の冷凍品を使っても。

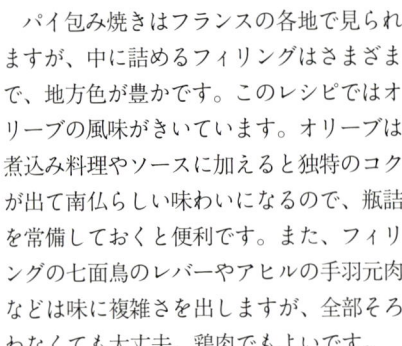

材料（4人分）

ニンジン1～2本／タマネギ1個／ジャガイモ1～2個／マッシュルーム400ｇ／ブーケ・ガルニ1本／オリーブオイル適量／鶏の砂肝2個／七面鳥のレバー2個／アヒルの手羽元4個／肉団子※8個／ブラックオリーブ100ｇ／グリーンオリーブ100ｇ／セロリの芯（湯通ししたもの）1本／塩、コショウ各適量／パイシート2枚／溶き卵適量　※肉団子は、ソーセージ用の挽き肉300ｇに、卵1個、パン粉50ｇ、みじん切りのニンニク1片、みじん切りのパセリを練り合わせ、牛乳で調整しながら、耳たぶの固さに仕上げて丸めたもの。

作り方

1. ニンジンは棒状に、タマネギは縦に8等分に（写真A）、皮をむいたジャガイモは角切りに、マッシュルームは軸を取って4等分する。
2. 鍋にオリーブオイルをひき、タマネギと砂肝、レバー、手羽元を入れて色づくまで炒める。ニンジンとマッシュルーム、ブーケガルニを加え、水を注いで煮込む。肉に火が通ったら、ジャガイモと種を取ったオリーブ、セロリを入れてさらに煮込み、塩、コショウで味付け。
3. フライパンで肉団子に軽く焦げ目がつくまで焼く。
4. 2の鍋の肉の骨が外れるくらいまで柔らかくなったら（写真B）、骨を外して3の肉団子を加えて軽く煮込み、火からおろして粗熱を取る。
5. 伸ばしたパイシートをオーブン用シートを敷いたパイ皿に敷き、4を入れる（写真C）。
6. パイシートで蓋をする（写真D）。破裂防止に、蓋の中央に円筒形の空気穴をあけてオーブンシートを筒状に刺す。溶き卵を表面に塗り、180℃のオーブンで45分間焼く。

フィリングに肉や野菜が入っているので、かなり食べごたえがある。パイ料理にはグリーンサラダを添えるのが定番。

017

ジュリアンさん一家。日曜日のお昼など、4人の子供と両親、モニクさんが揃うとなんともにぎやかな食卓になる。

見晴らしのよい粘土石灰質土壌の畑では、小鳥のさえずりが響く。

母親を早く亡くしたため、10代の頃から料理を作りはじめたというモニクさん。海から近い土地なので、イカやタコなどを使った郷土料理も作る。

Monique Julien
一家に伝わるごちそう、肉のパイ包み焼き「クルスタード」

「母さんのクルスタードは旨いよ。今日はそれだけでいいの？まだまだ、おすすめの郷土料理があるよ」と、誇らしげなのは、料理が得意なモニク・ジュリアンさんの息子、ティエリーさん。

少し手間のかかるクルスタードは、やはり特別なごちそう。オーブンのない時代には各家庭がパン屋のかまどに持ち寄って焼いた。モニクさんいわく、「中身はその時のお財布の事情で違うの。今日は肉団子入りのブルジョワ風(笑)。けんかしないよう、人数分を入れてね！」

Le Temps des Gitans Rosé
ル・タン・デ・ジタン　ロゼ(左)

Le Temps des Gitans Carignan
ル・タン・デ・ジタン　カリニャン(右)

ラングドックの地場品種カリニャンを中心に仕込んだオーガニックワイン。ブドウの樹齢が高いため、実る房の数は減るが、味わいが濃い。ロゼにはカリニャン、香りの高い食用ブドウ、黒系のマスカット、ミュスカ・ノワールと、同じく地場品種のサンソーを少量加えている。かすかにバラの香りがする、果実味は豊かな辛口。赤は大変にフルーティでのどごしよく飲める。

Un peu d'histoire

マス・ド・ジャニーニ

ラングドック地方の都市モンペリエから約35km、サン・ボジル・ドゥ・シルヴ村のオーガニックワインの造り手。写真のティエリーさんが醸造、弟のパスカルが栽培を担当する。

Mas de Janiny

DATA
21 Place de la Pradette, 34230 Saint-Bauzille-de-la-Sylve
☎04 67 57 96 70 (要事前連絡)
masdejaniny@orange.fr
●Paris Lyon(パリ・リヨン)駅よりTGV線でMontpellier (モンペリエ)駅まで約3時間30分。モンペリエから車で約40分。

輸入元：ディオニー(株)　☎075-622-0850　**019**

Languedoc ❖ ラングドック地方　#04

鶏肉とネギ、タマネギの壺焼き

Marmite de blanc de volaille sur fondue de poireaux et d'oignons doux des Cévennes

じっくりと火を通したタマネギやネギの甘さは格別。白身の鶏肉と合わせて深皿に入れ、パイをかぶせて焼き上げると、見た目もかわいらしく、楽しい壺焼きに仕上がります。フランスのネギは太めで白い部分のみを使うので、細ネギではなく、加熱すると甘味の出る深谷ネギのような種類を選んでみてください。深皿に入れてパイ生地をかぶせるところまで仕込んでおけるので、パーティなどにも役立つ一品です。

Le petit truc!

ネギ類はじっくり火を通す。
クタクタになるまで炒めたネギとタマネギの甘味がこのレシピのポイント。炒めすぎかなと思うくらい気長に火を通してください。

材料（4人分）

鶏胸肉　500g／タマネギ4個／ネギ9本（約500g）／固形チキンブイヨン※1個／グレープシードオイル適量／バター100g／クミンパウダー小さじ1〜2／タイム、ローズマリー各1本／パイシート（市販品）約300g／塩、白コショウ各適量／溶き卵適量

※固形チキンブイヨンは化学調味料無添加のものを使用。

作り方

1. タマネギは皮をむいて1.5cm角にきざむ。ネギは余分な皮をとり、縦に切れ目を入れ、端から1.5cm幅にきざむ（白い部分のみ使う）。鶏肉はひと口大に切る。
2. 浅鍋にグレープシードオイルと分量の約半量のバターを入れてタマネギを中火でつぶしながら炒め（写真A）、茶色く色づいたら取り出す。
3. 同じ鍋にネギを入れ、ひたひたの水、固形チキンブイヨンとハーブ類を加え中火で透明になるまで煮る。
4. フライパンにグレープシードオイルをひき、分量の残りのバターを溶かして、途中で適量の塩を加えて鶏肉が白くなるまで炒める（写真B）。
5. 鶏肉とネギ類を再び鍋に戻し、約25分間弱火で煮る。塩、コショウで調味し、火を止める直前にクミンパウダーを加える。
6. マルミット（鍋を模した足付きの深皿）に入れる（写真C）。
7. パイシートをかぶせて、両端をしっかりと水でとめる（写真D）。表面に溶き卵をぬり、200℃のオーブンで約10分間、表面が膨らむまで焼く。

最初にネギ類を焦がさずに炒めると白ワインに、茶色くなるまで炒めると軽めの赤ワインに合う味わいに仕上がる。

021

オディールさんの料理のコツは、「白身肉の料理には加熱途中で塩を入れてもいいけど、赤身肉は硬くなるからダメ。スパイスは最後に入れるのよ」とのこと。

遅めのお昼を囲むレリスさん一家。前菜にフォワグラとタマネギのコンフィとサラダを楽しみ、豪勢な食卓になった。

Odile Leyris
ローカルな食材をていねいに仕込む家庭の味

　オディール・レリスさんの故郷はブルゴーニュ地方の小さな村、オータン。村で評判になるほど料理上手なお祖母さんがジビエ(猟獣)を調理するのを見て育ち、ニームにほど近い、この村にお嫁に来た。「ここにもブランダード(干しダラのペースト）など名産品があるけれど、そういう加工品より、地元の新鮮な食材を使うのが"レリス家の郷土料理"よ」。地元セヴェンヌ産のタマネギをじっくり加熱して甘味を引き出した壺焼きには、オディールさんの愛情が詰まっている。

Les vin locaux

Cuvée de "L'Aïguier" AOC Languedoc

キュヴェ・ド「レギュイール」
アーオーセー・ラングドック

1999年からワイン造りを始め、2004年からオーガニック「エコセール」認証を取得。キュヴェ・レギュイールのブドウ品種は、シラーとグルナッシュが9割、残りはカリニャンという構成で、約1ヘクタールあたり2500ℓ(25hℓ)という収量の低さから生まれる味わいの凝縮感とフルティーさが魅力。日本未入荷の地場品種アリカントを使ったワインも驚くほどなめらか。訪問の際にはぜひ試飲を!

Un peu d'histoire

レリス・マジエール

夫のジル・レリスさんは農協でも働きながらブドウを育て、ワインを造る。ブドウ樹の中には樹齢80年の古樹もあり、多く実をつけないため自然に房数が減り、味わいが凝縮する。

DATA
Chemin des Pouges, 30260 Cannes-et-Clairan
☎04 66 93 05 98(要事前連絡)
gilles.leyris@wanadoo.fr
●Paris Lyon(パリ・リヨン)駅よりTGV線でNimes(ニーム)駅まで約2時間50分。ニームから車で約25分。

輸入元:(株)ファインズ ☎03-5745-2190　023

ドーブ・ド・サングリエ
（イノシシ肉の煮込み）
Daube de Sanglier

Languedoc ✦ ラングドック地方　#05

ラングドックのワイン産地は海側と山側の二つに大きく分かれ、山側では「ドーブ」と呼ばれる煮込み料理をよく作ります。これはイノシシ肉を赤ワイン、野生のハーブ、スパイスにひと晩漬け込んでから焼き、煮込む料理ですが、羊肉を使い、焼かずに煮るとローヌ地方のアヴィニョン風になります。その時はオレンジピールを忘れずに。準備に時間はかかりますが、煮るだけなので意外に簡単。牛スネ肉でも作れます。

材料（4人分）

＜マリネ材料＞イノシシ肉1.5kg／赤ワイン750㎖／ニンジン1本／ニンニク2片／タマネギ1個／セロリ1束／クローブ4〜5粒／ローリエ5枚／タイムの枝5本／ローズマリー1〜2本／オリーブオイル30㎖／塩、コショウ（赤白黒ミックス）各適量

＜煮込み材料＞塩漬け豚バラ肉（ベーコンでも可）200g／バター60〜100g／オリーブオイル10㎖／タマネギ3個／ニンジン1本／ニンニク1片／小麦粉15g／ローリエ5枚／タイムの枝5本／ローズマリー1〜2本／ネズの実5〜6粒／塩、コショウ（赤白黒ミックス）各適量／赤ワインまたはビーフブイヨンスープ適量／イタリアンパセリ適量

作り方

1. マリネを準備する。ニンジンは輪切り、ニンニクは薄切りにする。セロリは大きめにきざむ。タマネギは皮をむいてクローブを刺し込む。イノシシ肉を約5㎝角に切り、バットに入れる。オリーブオイル、塩、コショウをふり、ニンジン、ニンニク、セロリ、タマネギ、ローリエ、タイム、ローズマリーを加えて、赤ワインを注いで冷蔵庫でひと晩おく。

2. 煮込み材料を準備する。豚バラ肉は細くきざむ。ニンニクはみじん切り、タマネギ、ニンジンは5㎜幅程度にきざむ。

3. 1で漬け込んだ肉を取り出してペーパータオルで水気を拭き取る（写真A）。マリネ液を漉し、ハーブと野菜類を捨てる。漉したマリネ液は煮込みに使うのでとっておく。

4. 厚手の鍋にオリーブオイルとバターを約半量ずつ溶かし、2の豚バラ肉、ニンニクと野菜類を入れて炒める（写真B）。タマネギに火が通ったら、野菜類を取り出す。

5. 残りのオリーブオイルとバターを入れ、マリネした肉の表面を焼きつける。小麦粉を加えて全体にからめ、粉っぽさがなくなるまで炒める。2のマリネ液を注ぎ、炒めた野菜を戻し入れる（写真C）。

6. 赤ワインもしくはビーフブイヨンスープを全体が浸るまで加え（写真D）、ハーブ類、ネズの実をさらに加え、塩、コショウで調味する。蓋をして弱火で約2時間30分煮る。肉が柔らかくなったら塩、コショウで味をととのえ、皿に盛り、イタリアンパセリを飾る。

パンを添えてもよいが、幅広の
パスタ「タリアテッレ」をゆで、
軽くバターで和えて添えてもボ
リューム感が出る。

夫のティエリーさんと。エビのサラダを白ワインで楽しんだあと、煮込み料理を取り分ける前にまずは赤ワインで乾杯。

「焦げ付くことがあるから、ときどき鍋を確かめて」とニコルさん。煮汁が足りなければ、赤ワインかビーフブイヨンスープを足すとよいそう。

Nicolas Rodriguez
地中海文化の香り高い煮込み料理

　肉の赤ワイン煮込みはフランス各地で見られるが、ラングドックやロースのドーブ(煮込み料理)は、ハーブなどのスパイスを多く入れるため、後口が香り高く軽やか。ニコラ・ロドリゲスさんも、ドーブが得意。「家のブドウ畑に入るイノシシをご近所の名人が捕まえてくれるの。それを煮込んでは、ごちそうするのよ」。タイム、ローズマリーなど自生するハーブをふんだんに入れて煮込むので「まさに畑からできた料理よ」とニコラさん。地中海の香り漂うひと皿だ。

026

"Rarissime Blanc" VDP Hérault
「ラリシム ブラン」2009
ヴァン・ド・ペイ レロー（左）

"Rarissime" Faugères rouge
「ラリシム」2008
フォジェール ルージュ（右）

赤も白も1ヘクタールあたり15〜20hlと非常に低収量。とくに、地場品種のグルナッシュ・グリ98％、ヴィオニエ2％の白ワインの品質がいい。もっちりした味わいになりやすい品種だが、繊細な香りとミネラル感をよく表現している。ニコラさんが作る「エビとピンクグレープフルーツのサラダ」とは最高の相性。日本未入荷なのでワイナリー訪問の際にはぜひ。

Mas Gabinèle

Un peu d'histoire
マス・ガビネル

ティエリー・ロドリゲスさんが1997年に畑を購入して設立したワイナリー。畑はベジエから約20km北のロランス郡に位置しており、石灰質の荒地「ガリーグ」に囲まれている。

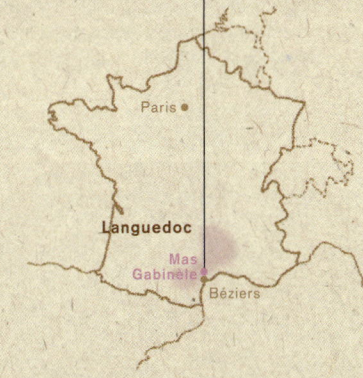

DATA
Chemin de Bédarieux, 34480 Laurens
☎06 07 11 14 45　info@masgabinele.com
9:00〜12:00, 16:00〜18:00
●Paris Lyon（パリ・リヨン）駅よりTGV線でBéziers（ベジエ）駅まで約4時間20分。ベジエから車で約20分。

輸入元：(有)土浦鈴木屋　☎029-821-1938　027

Column 01

バター派？ オリーブオイル派？
どっちも使う派？

　フランス料理といえば「バターたっぷり」のイメージですが、オリーブの採れる南仏では、オリーブオイルを日常的に使い、バターの使用量は少なめです。とくにレ・ボー・ド・プロヴァンス産のオリーブオイルは繊細で香り高く、野菜にかけると最高。しかし、「太りにくい」という説には疑問です。というのも、「オリーブオイルだけで料理する」と語る南仏のマダムたちは、全員ぽっちゃりしていたからです。

　反対に北西部は乳製品の産地。ノルマンディ地方のバターはかすかに酸っぱく、ミルキーでしつこさがありません。バターを使うレシピもたくさんあります。でも、ノルマンディのお宅には、お土産にバターを持っていかないでください！ バターを冷蔵庫に欠かさないのが主婦のたしなみ。手土産にすると失礼になるそうです。

> 質のよいバターは味が軽いのよ！

02
Rhône

ローヌ地方

　　　　ローヌのワイン産地は、大きく南北に
　　　分かれています。北部のローヌ・アルプ地域と、
　　ここで紹介するシャトーヌフ・デュ・パプが位置する
　　南部のプロヴァンス・アルプ・コートダジュール地域です。
　　　　かつての城塞都市アヴィニヨンの伝統料理
　　「ドーブ・アヴィニヨネーズ」は、ハーブと
　　オレンジピールを入れた羊肉の赤ワイン煮込み。
　　石畳の街のレストランから、この香りが漂うと、
　　　ローマ教皇領時代のこの街のにぎわいが
　　　　　よみがえってくるようです。

Rhône ✤ ローヌ地方　　#06

七面鳥胸肉の
チーズ焼き

Escalope de dinde au fromage aux herbes

　ニンニクとハーブで風味付けしたクリームチーズ「ブルサン」は、フランスでも大人気。類似品も多数売られており、料理にしばしば使われています。ここでは七面鳥の胸肉にブルサンチーズとディジョンマスタードを挟んで焼き上げたレシピですが、鶏の胸肉やささ身でも作れます。とにかく短時間で簡単に作れる上に、ワインに合うしゃれた一品ができ上がるので、疲れている日などにぜひ試してほしいレシピです。

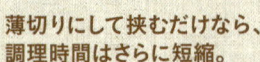

薄切りにして挟むだけなら、調理時間はさらに短縮。

代用にはしっとりと焼き上がるので鶏ささ身がおすすめ。また、肉を薄切りにし、巻かずにチーズとマスタードを少量挟んで白ワインで蒸し焼きにすると、短時間で火が通り、よりさっぱりと仕上がります。

材料（4人分）

七面鳥の胸肉（薄切り）7枚／ディジョンマスタード小さじ7／ハーブ入りクリームチーズ300ｇ[※1]／サラダオイル25㎖／クレーム・フレッシュ（乳脂肪分30％）50㎖[※2]／塩、コショウ各適量

※1 フレッシュハーブやニンニクが練り込まれたクリームチーズ。たとえば日本でも購入可能の「ブルサン ガーリック＆ハーブ」など。
※2「クレーム・エペス」（68ページ参照）で代用可能。

作り方

1. 七面鳥の胸肉を広げて、塩、コショウをふる。分量のうち、小さじ1のディジョンマスタード、次に大さじ1のクリームチーズの順に塗り広げる（写真A）。
2. 端から巻き、楊枝で止める（写真B）。
3. フライパンにサラダ油をひいて熱し、肉の両側が色づくまで5分間、強火で焼いて取り出す。
4. 1で残ったクリームチーズと、クレーム・フレッシュをフライパンで溶かす。クレーム・フレッシュの量は味見しながら調整する。
5. 肉を戻し、途中で返しながら、中〜弱火で完全に火が通るまで煮る。味を見て塩を足し、皿に盛る。

白ワインに限らず、軽めの赤ワインもよく合う。簡単なサラダを付け合わせれば、手早くしゃれた食卓が完成する。

家族で囲む食卓。長女のレアちゃんはしっかり者、次女のエロイーズちゃんはお茶目、末っ子のルーちゃんは甘えん坊。

ママンが料理をする時は、いつも夢中で様子を見ている3人。

サンドリーヌ・レイノーさんは友人に聞いたり、自分で調べたレシピをたくさん持っている。この日はグラタン・ドーフィノワとサラダも作った。

Sandrine Raynaud
忙しいけど料理好き。だから生まれたママンの味

　北ローヌ地方の南部で暮らすレイノー家。サンドリーヌ・レイノーさんは看護師として働きながら、協同組合から独立し、ワインの元詰めを始めた夫のダヴィッドさんを支えている。仕事と家事に加えて、かわいいけれど、とにかくじっとしていない幼い娘3人のママンとして、目の回るような忙しい毎日。料理好きなサンドリーヌさんが「いつ思いついたかわからないほど何度も作った」という胸肉のチーズ焼きは、「ママン大好き！」な娘たちもお気に入りのメニューだ。

Crozes Hermitage "Georges Reynaud"
クローズ・エルミタージュ「ジョルジュ・レイノー」2007（左）

Crozes Hermitage "Les Croix"
クローズ・エルミタージュ「レ・クロワ」2007（右）

ローヌ北部地方のワイナリー。4代目のダヴィッドさんは協同組合にブドウを売るのをやめ、ワイナリー元詰、オーガニック栽培からさらに踏み込んだビオディナミ栽培に取り組む。エネルギーが循環しやすいとされる卵型のコンクリートタンクを使うなど、新しい試みも盛んに行う。クローズ・エルミタージュの品種はどちらもシラーだが、レ・クロワは樹齢50年以上のブドウを使用。

Un peu d'histoire
ドメーヌ・レ・ブリュイエール

17ヘクタールを所有。2003年にワイナリー元詰を開始というように「老舗」ではないが、ミネラル感のしっかり出た味わいで、フランス国内でも近年評価が高い。

Domaine les Bruyères

DATA
12 Chemin du Stade, 26600 Beaumont-Monteux
☎04 75 84 74 14（要事前連絡）
domainelesbruyeres@orange.fr
● Paris Lyon（パリ・リヨン）駅よりTGV線でValence（ヴァランス）駅まで約2時間10分。ヴァランスから車で約20分。

輸入元：(株)ヴィントナーズ ☎03-5405-8368

Rhône ✦ ローヌ地方　#07

鳩のヴィニュロン風
Pigeon vigneron

　フランス語で「ヴィニュロン」はワイン農家のこと。小鳩を軽く煮込んで、ブドウをソースに使うので、ヴィニュロン風。肉とフルーツの取り合わせは意外な感じもしますが、鴨胸肉とオレンジやソーセージとリンゴのピュレなどはフランスでは定番です。小鳩が入手できない場合は、地鶏や鴨肉で代用できます。フルーツの甘味と酸味で、いつもとちょっと違う味わいに仕上げ、おしゃれな食卓を楽しみましょう。

Le petit truc!

ブドウは酸味が強く新鮮なものを選んで

肉は味の濃い鶏肉や鴨肉で代用可能です。ソースのブドウは、酸味の強いものがよいので缶詰は避けて。マスカットがよく使われます。

材料（4人分）

小鳩※2羽／ブドウ1～2房／オリーブオイル20mℓ／バター30g／白ワイン260mℓ／タイム2枝／ローリエ2枚／塩小さじ1.5杯／コショウ小さじ0.5杯／コニャック小さじ1杯
＜付け合わせ＞ゆでたニンジン適量／サヤエンドウ適量／ゆでたジャガイモ適量
※下処理済みの鳩を肉屋で購入し、タコ糸で胴を縛っておく。

作り方

1. 厚手の鍋にオリーブオイルを熱し、バターを加えて溶かして鳩を入れ、強火で表面に焼き色を付ける（写真A）。
2. まんべんなく焼き色が付いたら、白ワインを注いで弱火にする。タイム、ローリエ、塩、コショウを加えて蓋をしてしばらく煮込む。
3. ソースの準備をする。ブドウは20粒程度をとりおき、残りを濾し器に入れてつぶし、ジュースのみをとる（写真B）。とりおいておいたブドウは30秒間熱湯に通し、すぐに水に浸して皮をむく。
4. 1の肉はフォークを刺して、すっと通るようなら火が入っているので、鍋から取り出す（写真C）。
5. 2の鍋に3のジュースを加え弱火にかける。コニャックを入れて5～10分間煮込み（写真D）、必要があれば塩コショウで調味。3で皮をむいたブドウを入れ、火を止める。
6. 肉を縦に半身に切って皿に盛り、付け合わせを添え、ソースをかける。

煮込みに使った白ワインも合う。飲む予定のワインと調理ワインを同じにするのは、ちょっと贅沢な技。

黒トリュフをきざみ、パイ包み焼きにしたアミューズ(アペリティフ向けのおつまみ)は白ワインによく合う。

「ワイン農家で育ったから仕事の苦労を知っていて、違う職業を選んだ姉たちもいたわ。私?私はこの仕事が好き!」というマリー＝ピエールさん。

マリー＝ピエールさんも、夫のエリックさんも畑仕事が好きなので、一緒にブドウ畑にいることが多いそう。

Marie-Pierre Plumet d'Ardhuy
旬のブドウを楽しむ「ワイン農家」の料理

　マリー＝ピエールさんの実家は、1947年からブルゴーニュ一帯に畑を持ち、ワイン造りに携わる名門「ドメーヌ・ダルディ」。7人の姉妹とワイン造りを見て育った。小鳩のワイン煮込みは、彼女の母が収穫期によく作っていた料理だという。ワイン農家では食用ブドウを育てる家庭も少なくない。また、畑を荒らすジビエ(猟獣)も父が仕留め、たびたび食卓に上ったという。ソースの仕上げにコニャックを少量入れるのが、彼女の「秘密のレシピ」だ。

Les vin locaux

Côtes du Rhône Villages Blanc Colline
「コリンヌ」コート・デュ・ローヌ・ヴィラージュ ブラン 2007（左）

Côtes du Rhône Villages Rouge Massif d'Uchaux Garance
「ガランス」コート・デュ・ローヌ・ヴィラージュ マッシフ デュショー 2007（中央）

Châteauneuf du Pape
シャトーヌフ・デュ・パープ 2007（右）

ワイナリーの始まりは、マリー＝ピエールさんの父親が45ヘクタールの土地を購入した1980年。そのうち畑は30ヘクタールでシャトーヌフ・デュ・パプやコート・デュ・ローヌの区画を持つ。ブドウ栽培は2000年からオーガニック、その後、ビオディナミに切り替えた。地場品種のグルナッシュ・ブラン、クレレット、ヴィオニエを使った白ワインは、余韻の長さが印象的。

Domaine la Cabotte

Un peu d'histoire

ドメーヌ・ラ・カボット

ワイナリー名はブドウ畑の石造りの小屋「カボット」に由来する。マリー＝ピエールさんが先にワイン造りを始め、夫のエリックさんは1986年から畑と醸造で指揮を執る。

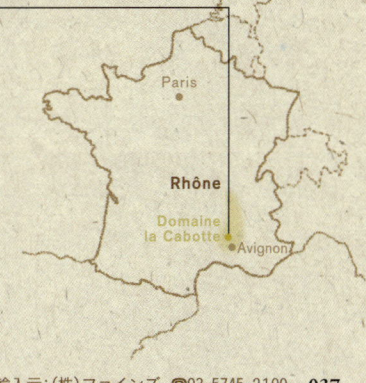

DATA
Marie-Pierre Plumet d'Ardhuy SARL, 84430 Mondragon
☎04 90 40 60 29　domaine@cabotte.com
9:00〜12:00、14:00〜17:00（月〜金、8月休）
● Paris Lyon（パリ・リヨン）駅よりTGV線でAvignon（アヴィニョン）駅まで約2時間40分。アヴィニョンから車で約45分。

輸入元：(株)ファインズ ☎03-5745-2190

鴨胸肉のセップ茸添え シャトーヌフ・デュ・パプの ソース

Magret de canard aux cèpes sauce Châteauneuf du Pape

キノコのだし汁は本当においしいものですが、とりわけセップ茸の香りと旨味は格別。フランスの家庭ではシャンピニオン・ド・パリ（マッシュルーム）と並んでよく使われるキノコです。日本ではイタリア語の「ポルチーニ」という名前のほうが知られているかもしれません。最近は冷凍品や乾燥品も多く出回っています。料理に少し加えるだけで味わいに奥行きが出るので、使い方を覚えておくと便利です。

Le petit truc!
冷凍品は水気を飛ばし、乾燥品は水でじっくり戻す

セップ茸の冷凍品を使う場合には、ゆっくり加熱して余分な水分を飛ばします。乾燥品は、水で約2時間戻すと、ほどよい食感に。

材料（4人分）

オリーブオイル15ml／セップ茸（冷凍）650g／鴨胸肉（マグレ・ド・カナール）※約400g／ローズマリー1枝／塩、黒コショウ各適量／赤ワイン（シャトーヌフ・デュ・パプ）150ml／葉野菜適量

※マグレ・ド・カナール(magret de canard)は、フォワグラをとるために肥育したガチョウや鴨の胸肉。

作り方

1. フライパンにオリーブオイルをひいて熱し、冷凍セップ茸を加え、蓋をせずに弱火で約10分間加熱し、水気をとばす。再度、蓋をして弱火でじっくりと加熱し続ける（写真A）。
2. 鴨肉は4～5cmの厚さに切り分ける（切らずに焼いてもよい）。
3. 別のフライパンをよく温め、油をひかずに鴨肉の皮目から入れ約5分間焼く。途中で脂が出てくるので取りおく。
4. 焦げ目が付いたら裏返して（写真B）さらに3～5分間焼く。塩、黒コショウをふる。
5. 1のセップ茸のだし汁を4に加える。赤ワインを注ぐ（写真C）。
6. セップ茸の水気が飛んだら3で取りおいた鴨の脂を加え、強火で表面に焦げ目が付くまで炒める。
7. フライパンに着いた肉汁をこそげおとしながら5を煮詰める（写真D）。味を見て足りなければ、塩、黒コショウで調味して鴨肉にからめる。皿に盛り、1のセップ茸と好みの葉野菜のサラダを添えて完成。

ソース用の赤ワインの予算を少しおさえたい場合には、同地域の南ローヌの赤ワインを使っても近い味に仕上がる。

ワイナリーから見える、廃墟となったシャトーヌフ・デュ・パプ（教皇のための夏の城館）。

「冷凍のセップ茸は、とにかく弱火で気長に水気を飛ばして。アンズ茸でもおいしくできるわよ」と、サンドリーヌさん。

夫のティエリーさんはシャトーヌフ・デュ・パープ、サンドリーヌさんは近隣の出身。1998年に結婚し、この地にやってきた。

Sandrine Usseglio
複雑な味わいのソースでも、材料と手順はシンプル

　サンドリーヌ・ユッセリオさんが夫とワイン造りに取り組むシャトーヌフ・デュ・パプは、ローヌ南部、ローヌ河左岸の平野に広がる産地。村の名前「教皇の新しい城」は、14世紀に教皇ヨハネス22世が夏の館を建てたことに由来し、古くからワインの優れた品質を認められてきた。サンドリーヌさんによれば、果実味豊かなユッセリオ家のシャトーヌフは、鴨肉と相性抜群。セップ茸の旨味とシャトーヌフの香りを加えた鴨肉は、親しい人と分かち合いたいごちそうだ。

Les vins locaux

Châteauneuf du Pape Mon Aïeul
「モ・ナイユル」
シャトーヌフ・デュ・パプ 2009（左）

Châteauneuf du Pape
シャトーヌフ・デュ・パプ 2008

シャトーヌフ・デュ・パプ地区ではワイン用ブドウとして13品種が許可され、それらを大樽で醸すのが古くから伝わる手法。一方、グルナッシュやシラーのみで醸し、ユッセリオのように、若いうちから飲めるワインを造る生産者もいる。左の「モ・ナイユル」はグルナッシュ100％で、異なる区画ごとに醸したグルナッシュをブレンドする。右はグルナッシュを主体にシラー、ムールヴェードル、サンソーを同時に醸造。

Un peu d'histoire
ドメーヌ・ピエール・ユッセリオ

1931年にワイン農家で働き始めたイタリア・ピエモンテ州出身の祖父がルーツのワイナリー。現在は孫のティエリー（サンドリーヌさんの夫）と息子ジャン・ピエールさんが営む。

DATA
10 Route d'Orange, 84230 Châteauneuf-du-Pape
☎ 04 90 83 72 98
domaine-usseglio@wanadoo.fr
●訪問は受け付けていない。

輸入元：ザ・ヴァイン ☎03-5458-6983　041

仔羊モモ肉のオーブン焼き プロヴァンス風

Gigot d'Agneau à la provençale

　友人や家族の集まる日の食卓に登場する、羊の塊肉のロースト。フランスでは、気取らない家庭のごちそうです。プロヴァンス風とあるのは、タイムやローズマリーなどのハーブをたっぷりときかせているため。このローストには皮付きのニンニクも欠かせません。やわらかくなるまで焼いて、つぶしながら肉といただくのが定番。焼き上がりを待つ間に楽しめる、ボリュームのあるアンチョビのサラダもご紹介します。

Le petit truc!

アンチョビとエンダイブのサラダ

アンチョビのコクにエンダイブ、セロリのほろ苦さと香りが加わった、ワインにぴったりのサラダ(写真C)。エンダイブは和名「キクヂシャ」、フランスでは「サラダ・フリゼ」と呼ばれる葉野菜です。

材料（4人分）

＜仔羊モモ肉のオーブン焼き＞ニンニク（皮付き）6片／ローズマリー6枝／タイム4枝／塩、黒コショウ各適量／仔羊モモ肉2kg／オリーブオイル適量
＜前菜＞エンダイブ1個分／セロリ（茎の部分）200g／ニンニク3片（すりおろす）／アンチョビ7〜8尾／オリーブオイル50㎖／赤ワインビネガー 10㎖

作り方

1.仔羊モモ肉のオーブン焼きを準備する。オーブンを150℃に温める。オーブン皿に、ニンニク、ローズマリー、タイムを入れる。その上に、塩、黒コショウをふった仔羊モモ肉をのせる（写真A）。肉の上からハーブ類が浸るくらいまでオリーブオイルを注ぐ。オーブンに入れて、肉汁をかけながら約3時間焼く。
2.この間に前菜のサラダを作る。エンダイブはちぎってよく洗い、セロリは薄切りにする。
3.小鍋に、ニンニク、アンチョビとオリーブオイル、赤ワインビネガーを入れて中火にかける（写真B）。オイルが温まってきたら、アンチョビとニンニクをフォークでつぶしながらよく混ぜ、沸騰するまで待つ。
4.2をボウルに入れ、沸騰した3をかけて混ぜ、皿に盛る（写真C）。
5.焼き上がった仔羊モモ肉を切り分け（写真D）、ニンニクとともに皿に盛りつける。

付け合わせは好みで。バターでソテーしたインゲン豆や、ジャガイモ、サツマイモのピュレなどを添えてもよい。

ショーンさんと夫のジャン=ポールさん。初デートでの食事の際、気づいたらすでに2本、ジャン=ポールさんが造ったワインが空いていたというエピソードも。

「仔羊は肉汁をこまめにかけながら、低温のオーブンでゆっくり火を入れると、やわらかく焼けますよ」とショーンさん。

Schon Versino
手間はかけずに、時間をかけて作るごちそう

　ショーン・ヴェルシノさんは、アメリカ・ミシガン州出身。レストランで働いている時に、夫のジャン=ポールさんが伝統的な方法で造る「シャトーヌフ・デュ・パプ」に惚れ込んだ。「この土地は食材がとても新鮮。みんな食べることが好きで、食卓を囲むことも大切にしていますよね」とショーンさん。彼女が友人や家族のためによく作るのは、仔羊のオーブン焼き。150℃と通常よりも低温でじっくり火を入れるのが秘訣で、やわらかくジューシーに焼き上がる。

Les vin locaux

Châteauneuf du Pape
シャトーヌフ・デュ・パプ 2009（左）

Châteauneuf du Pape Félix
「フェリックス」
シャトーヌフ・デュ・パプ 2009（右）

　この土地の伝統的な製法で造られたワイン。複数の地場のブドウ品種がひとつの畑に植わっており、熟したブドウから摘んで、房ごと発酵させる「混醸法」。それぞれのブドウが持つキャラクターが自然に調和し、アルコール度数の高くなりすぎを防ぐため、味わいに複雑さと一体感が生まれる。左は大樽で熟成。右の「フェリックス」は、より樹齢の古いブドウを選び、小樽で熟成する。

Domaine Bois de Boursan

Un peu d'histoire

ドメーヌ・ボワ・ド・ブルサン

当主のジャン＝ポールさんは3代目。シャトーヌフの区域内に、それぞれ土壌の質が異なる区画を持ち、合わせて16ヘクタールの畑で有機無農薬栽培に取り組んでいる。

Paris

Rhône
Domaine Bois de Boursan
Avignon

DATA
44, Chemin du Clos, Quartier Saint Pierre,
84230 Châteauneuf-du-Pape　☎04 90 83 73 60
bois.de.boursan@wanadoo.fr　8:30～12:00, 13:30～16:30
●Paris Lyon（パリ・リヨン）駅よりTGV線でAvignon（アヴィニヨン）駅まで約2時間40分。アヴィニヨンから車で約30分。

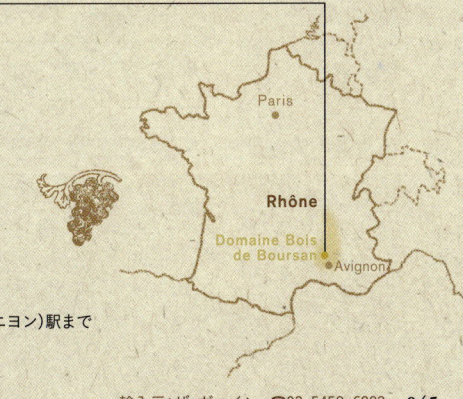

輸入元：ザ・ヴァイン　☎03-5458-6983

Column 02

濃くて煮えにくいフランスの野菜、淡くて煮えやすい日本の野菜

> フランスのサラダは、ボリュームもカロリーも大！

　フランスのキュウリを見たことがありますか？　丸かじりできるような太さではなく、直径4cmはあります（日焼け後のパックにぴったり！）。フランスの野菜は、形や種類だけではなく、性質もかなり違います。一番の違いが加熱時間で、とくにジャガイモやタマネギは多少長めに加熱しないと火が通りません。でも、そのぶん味が濃いのが魅力です。
　たとえば、南仏生まれのトマト煮込み料理「ラタトゥイユ」ですが、プロヴァンスのレシピでは、生のトマトしか使いません。濃縮トマトやトマトの缶詰を入れなくても、濃い旨味が出て、なおかつフレッシュなのです。日本の野菜は火が入りやすいのですが、全体的に味が淡いので、野菜が決め手になる料理の時には、お好みで分量を増やしてみるとよいかもしれません。

03
Bourgogne

ブルゴーニュ地方

ワイン産地は北部のシャブリ地区、
銘醸地コート・ドール地区、
南部のボジョレー、マコン地区に分かれ、
南に降りるほど、美食の街リヨンの影響が
大きくなります。
家族経営のワイナリーが多いこの地域では、
収穫期にはブドウの摘み手を雇いますが、
そこで出される食事を楽しみにする
摘み手も多いとのこと。
料理上手なマダムが多いのも納得です。

Bourgogne ✤ ブルゴーニュ地方   #10

メロンと手長エビの冷製
Melon fraîcheur

　フランスのスティルワイン（非発泡ワイン）の北限産地とされるシャブリも夏はけっこう暑いのですが、火を使わずに食事を作りたいという願いはどこの国でも共通なよう。夏の夕方に手早く作れてお手頃な、プティ・シャブリとぴったりの、メロンとエビの爽やかでおしゃれな前菜です。メロンはよく熟した赤肉のタイプがおすすめ。ピンクグレープフルーツなどの柑橘類にも合います。手長エビのほかに、小エビやカニ、ホタテ貝の貝柱でもおいしくできます。

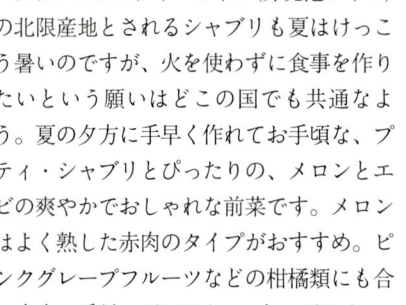

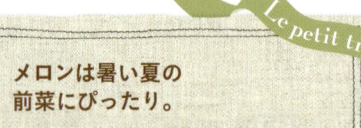

Le petit truc!

メロンは暑い夏の前菜にぴったり。
フランスでは、メロンはアペリティフやサラダによく使われるフルーツ。ブルーやシェーブルなど、塩気の強いチーズと角切りのメロンとレモン汁を合わせ、フレッシュミントを散らしたサラダなどは、夏の前菜に最適です。

材料（4人分）
赤肉メロン1/2個／手長エビ5〜6尾／トマト1個／フレッシュ・バジル6枚／レモン汁1/3個分／オリーブオイル20㎖／塩、白コショウ各適量

作り方
1. メロンは切って皮をむき、薄切りにしてから（写真A）、拍子木切りにする。
2. ソースを作る。バジルを軽くきざむ。トマトの皮は湯むきし（写真B）、適当な大きさに切って種をとる。
3. トマト、レモン汁、オリーブオイル、塩、コショウを合わせてミキサーでペースト状にし、最後にバジルを加えて軽く回して仕上げ、冷蔵庫で冷やす。なお、バジルは少量を飾り用にとっておく。手長エビは加熱済みの市販品を使うか、活けを購入して塩ゆでする。頭を外して殻をむく（写真C）。
4. 1のメロン、3の手長エビを皿に盛り合せ（写真D）、冷蔵庫で冷やす。
5. 食べる直前に冷蔵庫から出して2のソースをかけ、飾り用のバジルを上から散らして完成。

サラダは材料もソースもよく冷やして、食べる直前に和えるのがポイント。同じくよく冷やしたプティ・シャブリと。

ジゼルさん、息子のシャルルさんと娘のマリーさん。夫のティエリーさんの帰宅後に家族でこのメニューを楽しみたいと、プティ・シャブリが台所の冷蔵庫に冷やしてあった。

「材料を切って、ソースを作って混ぜるだけ。簡単だけどおいしいし、お洒落でしょ！ 白ワインとも合うわよ」と、ジゼル・アムランさん。

Gisèle Hamelin
デイリーなシャブリを楽しむための夏の前菜

　日本でも知名度の高い銘醸地「シャブリ」。日本の愛好家は、その味わいを「ミネラリーで筋肉質」と形容する人が多いが、それはグラン・クリュ（特級畑）のシャブリの話。アムラン家のような生産者たちが日常的に飲むのは、プティ・シャブリ。ポートランディアン地層に由来するトロピカルフルーツやスパイスの香りのシャブリと、メロンなどフルーツの前菜を楽しむ。熟した赤肉メロンは夏ならではのフルーツ。きりっと冷やしたワインとともに楽しい夕べの幕開けだ。

Les vin locaux

Chablis Premier Cru Vau Ligneau
シャブリ プルミエ・クリュ「ヴォーリニョー」2008（左、日本未入荷）

Chablis "Vieilles vignes"
シャブリ「ヴィエイユ・ヴィーニュ」2008（右）

9世紀にはブドウを栽培、18世紀までヨンヌ川を経由してパリのブルジョワたちにワインが送られるなど、歴史ある銘醸地シャブリ。特級畑と1級、プティ・シャブリは土壌の構成によって味が異なる。ドメーヌ・アムランの「ヴォーリニョー」の土壌は、ポートランディアン（石灰質）を含んだキンメリジャン（白亜質の土壌）なのでボディがある。キンメリジャンのみでキリッとした特級並みの1級畑「ボーロワ」も持つ。

Un peu d'histoire
ドメーヌ・アムラン

創業は1840年。7代目のティエリー・アムランさんは、プティ・シャブリ、シャブリ、1級畑の「ヴォーリニョー」と「ボーロワ」の約37ヘクタールを持つ。写真は一緒に働く息子のシャルル・アムランさん。

Domaine Hamelin

Paris
Laroche Migennes
Domaine Hamelin
Dijon
Bourgogne

DATA
6 route de Bleigny-le-Carreau, 89800 Lignorelles
☎03 86 47 54 60　domaine.hamelin@wanadoo.fr
9:00 〜 12:00, 14:00 〜 18:00（火〜金、8月10日〜25日休）
●Paris Bercy（パリ・ベルシー）駅よりTER線でLaroche Migennes（ラロシェミジョン）駅まで約1時間20分。ラロシェミジョンから車で約30分。

輸入元：重松貿易(株)　☎06-6231-6081　051

ル・ブッフ・ブルギニヨン
Le bœuf bourguignon

肉の赤ワイン煮込みは、ラングドックやローヌでも見られますが、ブルゴーニュでは、地元のシャロレー牛とブルゴーニュのワインで煮込みます。肉は大きな塊で使ったほうが、よいだしが出てパサつかず、ごちそう感も出ます。素材がシンプルなだけに、牛肉とワインの質が鍵。とはいえ、ここでは肉をワインに漬け込まず、手順もさほど面倒ではないので、ぜひ「特別な日」に挑戦してみてください。

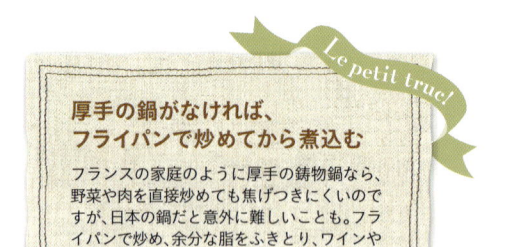

Le petit truc!
厚手の鍋がなければ、フライパンで炒めてから煮込む

フランスの家庭のように厚手の鋳物鍋なら、野菜や肉を直接炒めても焦げつきにくいのですが、日本の鍋だと意外に難しいことも。フライパンで炒め、余分な脂をふきとり、ワインや水を加えてから鍋に移して煮れば大丈夫。

材料（4人分）
牛肉（スネや尾など脂肪の少ない部位）750ｇ／ベーコン100ｇ／バター50ｇ／タマネギ1個／ニンニク1個／ニンジン2本／薄力粉大さじ3／角砂糖2個／ブーケガルニ1束（タイム、パセリ、ローリエ、ローズマリー）／マッシュルーム（水煮。あればフレッシュがよい）1缶／ブルゴーニュの赤ワイン※1 750mℓ／塩、白コショウ各適量／ビーフブイヨン 適量／ゆでたジャガイモ※2 適量／パセリ（きざんだもの） 適量／ローズマリー 適量　※1 AOCブルゴーニュ・ルージュなど。※2 ジャガイモは蒸してもよい。

作り方
1. 牛肉は5cm角に切る。ベーコンは角切りにする。タマネギとニンニクはみじん切り、ニンジンは厚めのいちょう切りにする。
2. 厚手の両手鍋にバターを溶かし、牛肉を入れて強火で焼き色をつける（写真A）。
3. 肉を取り出し、同じ鍋でベーコンとニンニク、野菜類に火が通るまで炒める（写真B）。鍋に肉を戻し、薄力粉を加えて全体に絡めながら茶色くなるまで炒める。
4. ワインを注ぎ（写真C）、ダマにならないようによく混ぜる。
5. ブーケガルニを加え（写真D）角砂糖、塩、白コショウで調味する。弱火で3時間、ソースが煮詰まってとろりとし、肉が完全にやわらかくなるまで煮る。ソースがもったりとしすぎてしまった場合には、ビーフブイヨンでのばす。
6. 煮上がりの30分前にマッシュルームを加える。最後に味を見て必要なら塩、コショウで調味。ゆでたジャガイモにパセリをかけ、肉にローズマリーを添えて提供する。

大ぶりに切った和牛のスネ肉でもおいしく作れる。煮込み用にはピノ・ノワール種でも酸味の少ないワインを。

「料理もワイン造りと同じなのよ。新鮮でよい素材を使わなかったら、いい料理には仕上がらないわ！」と、アンヌ・モンジャールさん。

アンヌさんは実務担当、夫のヴァンサンさんが、畑と醸造の管理。二人はディジョンの乗馬教室で知り合い、結婚した。

ワイナリーの紋章。「よいワインは畑からできる。その畑で徹底して働こう」という意味を持つ。

Anne Mongeard
肉もワインの風味も生かされる煮込みを

　アンヌ・モンジャールさんが誇らしげにそっと取り出したのは、赤味がかって張りのある地元シャロレー牛のスネ肉。そして、煮込み用のワインに選んだのはモンジャール家の1級畑ヴージョ「レ・クラ」1983年。調理前に肉を赤ワインに漬け込んでおくレシピが多いが、彼女はそれをしないとのこと。「肉がワインの味になってしまうでしょ。質のよい素材は、漬け込まないほうが味が生きるわよ」というのが「グルマン（食いしん坊）」の旦那さんとの一致した意見だそうだ。

Les vin locaux

Richebourg
リッシュブール 2007（右）

Vosne-Romanée Les Mazières Hautes
ヴォーヌ・ロマネ
レ・マジエール・オー 2007（中央）

Grands-Echezeaux
グラン・エシェゾー 2007（左）

ブルゴーニュ地方の「コート・ドール（黄金丘陵）」では、すでに10世紀からシトー派修道会によってワイン栽培が行われ、名声を誇ってきた。人口400人の静かな銘醸地ヴォーヌ・ロマネにあるのが、「モンジャール・ミニュレ」。現在、23ヘクタールの畑を所有し、グランクリュのグラン・エシュゾー、リッシュブールなど、28の認証区画を名乗る畑を所有している。畑に除草剤は使わない。

Un peu d'histoire

ドメーヌ・モンジャール・ミニュレ

8代目当主のヴァンサン・モンジャールさん。「19人のスタッフの誰もが大切な仲間なんだ」と語る。屈折したところがなく、包容力に富むその人柄がワインにも表れている。

Domaine Mongeard Mugneret

DATA

14, Rue de la Fontaine 21700 Vosne Romanée
☎03 80 61 11 95（購入目的以外のドメーヌ訪問は受け付けていない。要事前連絡。近隣にドメーヌ経営の四ツ星スパ・ホテルがある。）
●Paris Lyon（パリ・リヨン）駅よりTGV線でDijon Ville（ディジョン・ヴィル）駅まで約1時間30分。ディジョン・ヴィル駅から車で約40分。
Hotel＆Spa　Le Richebourg
Ruelle du Pont 21700 Vosne Romanée
☎03 80 61 59 59　www.hotel-lerichebourg.com

Paris
Dijon
Domaine Mongeard-Mugneret
Bourgogne

輸入元：(株)エイ・エム・ズィー　☎03-5771-7701　**055**

シャロレー牛肩肉のブレゼ
シャルム・シャンベルタンで

Paleron de charolais braisé au Charme Chambertin

「ブレゼ」とは本来、素材とそれよりも少ない液体を蓋付きの容器に入れて加熱する蒸し煮のこと。ここでは厚手の鋳物鍋に牛肉とワインを入れてじっくりと煮ます。主役はシャロレー牛。ブッフ・ブルギニヨンと似ていますが、煮汁を漉してソースに仕立て、牛肉に添えるので、より洗練されたひと皿に。煮汁にバターやクリームを加えてソースに仕立てる方法は、色々な肉の煮込みに使えるので、便利なレシピです。

材料（4人分）

牛肩肉（シャロレー産）1.5〜2kg／タマネギ2個／ニンジン3本／長ネギ2本／オリーブオイル10mℓ／バター10g／小麦粉10g／赤ワイン（シャルム・シャンベルタン）750mℓ[※1]／水325mℓ／ブーケガルニ（タイム、ローズマリー、ローリエ）1束／塩、白コショウ各適量／付け合わせのジャガイモ適量[※2]／タイム（飾り用）適量〈ソース〉バター20g／小麦粉20g／卵黄2個分／クレーム・フレッシュ（乳脂肪分30％）60g／フォン・ド・ヴォー15mℓ[※3]　※1ブルゴーニュ、コート・ド・ニュイ地区のピノ・ノワールでもよい。※2ジャガイモは皮付きのままくし型に切ってオリーブオイルとバターをかけてオーブンで焼き、塩をふる。※3フォン・ド・ヴォーがなければ、化学調味料無添加の固形ビーフブイヨンをお湯に溶かして代用。

作り方

1. タマネギはみじん切り（写真A）、ニンジンと長ネギは薄切りにする。フライパンに適量のオリーブオイル（材料外）を入れ、牛肩肉の表面を色よく焼き固めておく。
2. 深鍋にオリーブオイルとバターを熱し、1の野菜類を炒め、しんなりしたら小麦粉を加えてさらに軽く色づくまで炒める。赤ワインを加えて鍋底の旨味をこそげおとす。水、1の肉、ブーケガルニを加え、塩、白コショウで調味する。
3. アクをとり、蓋をして弱火で約3時間煮て常温で冷ます。
4. 肉を取り出して6mm程度の厚さに切る（写真B）。煮汁は漉す。
5. ソースを作る。小鍋にバターを溶かし、小麦粉を加えて炒める。フォン・ド・ヴォーを加え、4の煮汁を加えて弱火にかけながら、泡立て器で混ぜる。卵黄とクレーム・フレッシュを加えて、適度なとろみがつくまで火にかけつつ混ぜる（写真C）。
6. 肉を皿に盛り、6のソースをかけ（写真D）、ジャガイモを添えてタイムを飾る。

和牛でも脂身の少ない肩肉やスネ肉の部位ならばおいしく作れる。肉は必ず大きめの塊の状態で調理する。

モニクさんと夫のユベールさんは友人の結婚式で知り合った。現在、二人を支えるのは娘のマリー・エディットさん(左)。

今でも手作業で1本ずつ丁寧にワインを出荷する。

「煮汁はソースにするからワインは質のよいものをね」と、モニク・カミュさん。

Monique Camus
食事時間がずれても、おいしく、温かく

　小規模な家族経営が多いブルゴーニュのワイン生産者は、収穫期になると臨時の摘み手を雇うことが多い。ふだんは夫のユベールさん、娘のマリー・エディットさんと3人で切り盛りするモニク・カミュさんも、収穫期には摘み手のために食事の支度に大わらわ。オーブンとコンロを備えた年代物の薪ストーブで煮込み料理を作り、火にかけておくことも多い。なかでもおすすめの料理は、味が変わりにくく見ためにも美しい、ソースと肉を盛り付けるこのレシピだという。

Les vin locaux

Charmes Chambertin
シャルム・シャンベルタン 1999

ワイナリーの畑は現在18ヘクタール。約3分の2は、シャンベルタンやシャルム・シャンベルタンなどをはじめとする特級畑で、計5つを所有する。残りの約3分の1は、ジュヴレ・シャンベルタン。シャルム・シャンベルタンはシャンベルタンの下部に位置する畑で、より肉厚な味わい。1999年は、香り高く、すでに熟成が進んでいてなめらか。波が打ち寄せて戻ったあとのように、すーっと舌にタンニンが残り、凛とした気配が浮かび上がってくるような力強さと気品がある。

Domaine Camus Père et Fils

Un peu d'histoire
ドメーヌ・カミュ・ペール・エ・フィス

カミュ家は1850年代からブドウ栽培を開始。現在の当主はユベール・カミュさん。ワインは14〜18カ月の熟成後に瓶詰めにし、ロウを溶かし1本ずつ手作業で封をして出荷する。

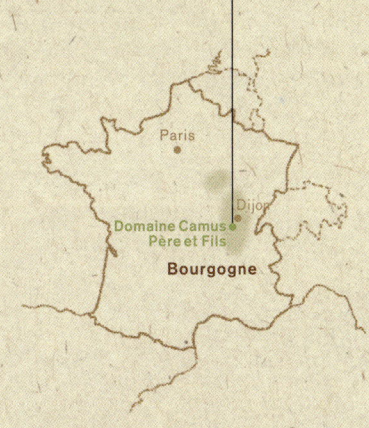

Paris
Dijon
Domaine Camus Père et Fils
Bourgogne

DATA
21 Rue Mal de Lattre de Tassigny, 21220 Gevrey-Chambertin
☎03 80 34 30 64（要事前連絡）
domaine.camus.gevrey@orange.fr
●Paris Lyon（パリ・リヨン）駅よりTGV線でDijon（ディジョン）駅まで約1時間40分。ディジョンから車で約20分。

輸入元：(株)JALUX　☎03-6367-8756　**059**

Bourgogne ✤ ブルゴーニュ地方　#13

ブレス産鶏ささ身肉のグリル 季節のキノコ、カボチャ、白インゲンのピュレ

Volaille grillée avec les champignons de la saison, purées de potiron et haricots blancs

　食とワインの都、ブルゴーニュには有名な郷土料理もたくさんありますが、地元の人はそれを毎日食べているわけではありません。名産品のブレス鶏を使いますが、ささ身をグリルし香ばしく焦がし、バターをかけるだけというような短時間で作れるレシピも人気。バターは乳酸発酵した酸味のある発酵バターがおすすめですが、レモン汁を仕上げに少々かけても合います。白ワインによく合う一品です。

Le petit truc!
バターのみのソースなので、色々なバターを試してみて！

バターがソース代わりのような料理なので、色々なバターを試してみてください。フランスでは無塩の発酵バターがスタンダードですが、最近は「ボルディエ」の海藻入りのバターも流行中で、日本でも入手可能です。

材料（6人分）
カボチャ 100g／白インゲン豆（乾燥）80g／塩適量／トランペット・ド・モー適量／シャントレル（アンズタケの一種）適量／シイタケ適量※／プリュロット（ヒラタケ）適量／塩、白コショウ各適量／バター 30g／鶏ささ身肉（新鮮なもの・ブレス産）4切れ／塩、コショウ各適量／オリーブオイル適量／発酵無塩バター 80g
※キノコは入手可能な好みのものを2～3種類使うとよい。

作り方
1. 白インゲン豆はひと晩水に浸す。皮をむいて角切りにしたカボチャ、白インゲン豆をそれぞれ水から弱火で煮る。それぞれに塩を加えミキサーでピュレ状にする。
2. トランペット・ド・モー、シャントレルは大きなものは房に分け、シイタケは薄切り、プリュロットは適当な大きさにちぎり、バターをひいたフライパンで炒め、塩、白コショウ各適量で調味する。
3. 鶏ささ身肉は筋を取り、塩、白コショウをふって、オリーブオイルをひいたグリル板で両面に焦げ目を付けながら強火で焼く（写真A）。
4. レアの状態で仕上げ、ひと口大に切る（写真B）。
5. ソースを作る。バターを弱火にかけ（写真C）、香ばしく焦げたら（写真D）火からおろす。1のピュレ、2のキノコのソテー、4の鶏ささ身肉を皿に盛り、焦がしバター適量を回しかけて完成。

ささ身はブレス産でなくても地鶏系の鶏肉で代用が可能。レアに焼き上げるので、生食できる新鮮なものを選ぶ。

かおりさんは留学中に3代目のパブロ・シュヴロさんと知り合って結婚。現在では、フランスの家庭料理のレパートリーも増えている。

かおりさんと夫のパブロさん、息子のアンジェロ＝大地君。パブロさんは弟のヴァンサンさんと畑や醸造を担っている。

Kaori Chevrot
おなかをすかせた家族のために、地元の食材で手早く作る

　力強い赤ワインが生まれる地区としてワイン愛好家に人気のマランジュ。なかでも品質向上のめざましい造り手として注目されるのが「ドメーヌ・シュヴロ」で、希少な白ワイン造りにも挑戦している。日本人マダムのかおり・シュヴロさんのレシピは、この白ワインに合う鶏ささ身のグリル。「食いしん坊」のパブロさんと結婚してから、料理の腕前も上がった。バターソースには「柚子胡椒や味噌の風味も合いますよ」と、和の風味も上手に取り入れ、家族を喜ばせている。

Maranges Blanc

マランジュ・ブラン　2008

マランジュ地区は、一般的にはピノ・ノワールの栽培に適した産地とされているため、白ワインの畑は190ヘクタールのうち5ヘクタールほどにすぎない。ドメーヌ・シュヴロでは、このうち約1ヘクタールの保水性の高い土地を選んでシャルドネを植えており、樹齢約40年のブドウ樹から手摘み収穫、樽発酵、樽熟成でマランジュ・ブランを造る。口に入れるとナッツと黄桃の風味のあとに、いきいきとしたレモンとミネラルの余韻が広がっていく。稀少で風味豊かなワイン。

Un peu d'histoire

ドメーヌ・シュヴロ

めざましい品質の向上から、近年注目を集める「ドメーヌ・シュヴロ」のパブロさん。2002年からワイン造りに参加、2011年にオーガニック栽培の認証を取得した。

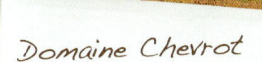

Bourgogne

DATA

19 Route de Couches, 71150 Cheilly-lès-Maranges
☎03 85 91 10 55　contact@chevrot.fr
9:00～12:00、14:00～18:00(月～金、要事前連絡)
●Paris Bercy(パリ・ベルシー)駅よりTGV線でBeaune(ボーヌ)駅まで約2時間20分。ボーヌから車で約30分。

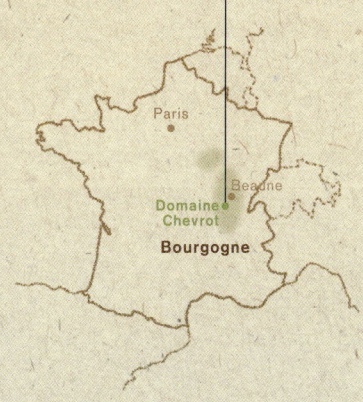

輸入元:テラヴェール(株)　☎03-3568-2415

Bourgogne ブルゴーニュ地方 #14

ブレス鶏の丸焼き
Poulet de Bresse rôti

鶏の丸焼きには時間がかかりますが、塩とハーブで下味を付けてオーブンで焼くだけなので意外と簡単です。同じオーブンの中で、マコンに近いドーフィネ地方の郷土料理のジャガイモグラタン「グラタン・ドーフィノワ」も作って付け合わせにします。ジャガイモを牛乳で煮てからオーブンで焼くレシピもありますが、いきなりオーブンに入れてもおいしくできます。ジャガイモは身の締まった種類がよいようです。

Le petit truc!

オーブンに鶏肉を入れたら、時々様子を見て

鶏肉は1時間弱で焼き上がります。あまり神経質になる必要はありませんが、20分に一度くらい様子を見て、肉汁を回しかけましょう。

材料（6人分）

＜鶏の丸焼き＞鶏肉1羽（ブレス産）／岩塩10g／タイムの枝2本
＜付け合わせ＞ジャガイモ6〜8個／ニンニク1片／コンテチーズ適量／クレーム・フレッシュ（乳脂肪分30％）250㎖／牛乳250㎖／ナツメグ適量／塩、コショウ各適量／ゆでたインゲン適量

作り方

1. 鶏肉は下処理の済んだものを用意。耐熱皿に置き塩をすり込む（写真A）。
2. 皮目と鶏肉の内側に塩とタイムの枝を入れる（写真B）。
3. グラタン・ドーフィノワを用意する。ニンニクは皮をむき半分に切って耐熱皿にすりつけたあと、みじん切りにして同じ皿に入れる。皮をむいて3mm前後の薄切りにしたジャガイモを半量加える。
4. すりおろしたコンテチーズをかけて、ナツメグ、塩、コショウをふる。残りのジャガイモをのせ、クレーム・フレッシュと牛乳を注ぎ、コンテチーズをまんべんなくかける（写真C）。
5. 200℃に温めたオーブンの上段に鶏肉、下段に4のドーフィノワを入れる（写真D）。ドーフィノワは途中で様子を見て焼き上がっていたら取り出す。鶏肉は20分後に上下を返し、さらに20分後に様子を見て、皿に出た脂を回しかける。計40〜50分間焼き、串で刺して肉汁が透明になれば焼き上がり。ドーフィノワとゆでたインゲンを付け合わせる。

064

グラタンは生クリームではなく、少し酸味のあるクレーム・フレッシュを使うと後口がさっぱりと仕上がる。

065

ジョゼットさんと夫のジャン・ノエルさん、息子のジャン＝マリーさんと奥さんのエウリナさん。中庭に出て乾杯！

みじん切りの卵の黄身とピクルスをマヨネーズで和え、白身に詰めた前菜。

キッチンには使い込んだチーズおろし器や自家製のトマトソースが並ぶ。手早く作業するジョゼットさんはかなりの料理上手だ。

Josette Chaland
シンプルでおおらか、力強い味わいの鶏の丸焼き

　ジョゼット・シャランさんがキッチンで得意げに見せてくれたのは、「ブレス」のマークの付いた地元の銘柄鶏。「質のいい鶏だからシンプルに丸焼きよ」と、詰め物はせずに肉の内側に塩だけをしっかりとすり込む。かたわらで、嫁のエウリナさんがジャガイモを切り、息子のジャン＝マリーさんが冷蔵庫から見つけたキノコをグラタンに加える。その横で、夫のジャン・ノエルさんはギターをかき鳴らす。にぎやかで温かい家庭にふさわしい、シンプルなごちそうだ。

Les vins locaux

Viré-Clessé "Thurissey"
ヴィレ・クレッセ「チュリセ」2008（左）

Mâcon-Villages "Les Tilles"
マコン・ヴィラージュ「レ・ティーユ」2009（中央）

Viré-Clessé "L'Epinet"
ヴィレ・クレッセ「レピネ」2008（右）

「チュリセ」の畑には、ミュスカブドウの性質を持つ品種、シャルドネ・ミュスカテが少量植えてある。日あたり豊富なためか、香り高くふくらみのある味わい。飲み込んだあとにぐっと力強く上がってくる余韻があり、ポジティブなエネルギーを感じさせる。右の「レピネ」はより涼しい畑で、白桃のコンフィなどの香りがあり、少し繊細で神経質な味わい。多めのバターで焼いた身質のやわらかい白身肉が合う。

Un peu d'histoire

ドメーヌ・サント・バルブ

ジョゼットさんの息子のジャン・マリーさんは3代目。「ヴィレ・クレッセ」「マコン・ヴィラージュ」「マコン」の畑で約8ヘクタールを所有し、オーガニック栽培に取り組む。

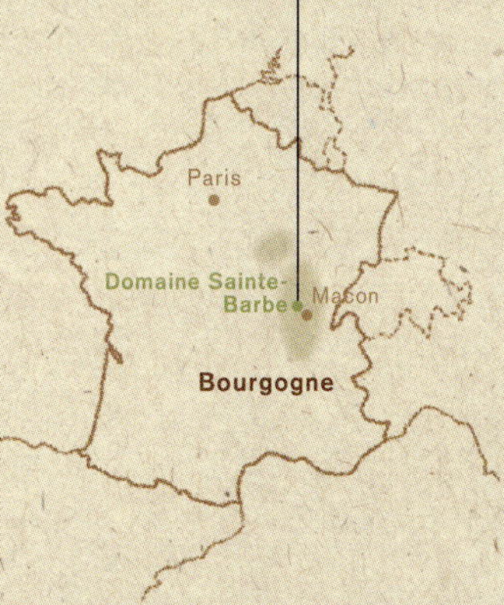

Domaine Sainte-Barbe

Paris
Domaine Sainte-Barbe — Macon
Bourgogne

DATA
Rue de la grappe d'Or En Jean Large, 71260 Viré
☎09 64 48 09 44（要事前連絡） jean-marie.chaland@orange.fr
● Paris Lyon（パリ・リヨン）駅よりTGV線でMacon Loche（マコン）駅まで約1時間40分。マコンから車で約30分。

輸入元：(株)モトックス ☎06-6723-3131　067

Bourgogne ✤ ブルゴーニュ地方

#15

アンドゥイエットのグラタン 白ワインとマスタードソース

Andouillette au vin blanc et à la moutarde

　豚や牛の内臓を詰めたソーセージ、アンドゥイエットはフランス各地に見られます。ややクセのある味わいですが、一度好きになるとやみつきに。食べ方も地方によってこだわりがあります。ノルマンディは付け合わせにリンゴのピュレが欠かせません。マコン風はマコネ地区の白ワインをソースに加えたグラタンです。アンドゥイエットは日本でも入手可能。グラタンは意外に食べやすいので、挑戦してみては？

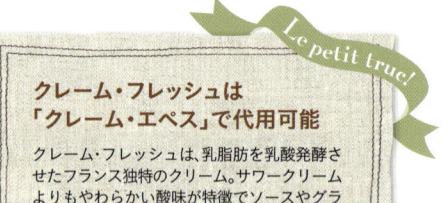

Le petit truc!

クレーム・フレッシュは「クレーム・エペス」で代用可能

クレーム・フレッシュは、乳脂肪を乳酸発酵させたフランス独特のクリーム。サワークリームよりもやわらかい酸味が特徴でソースやグラタンにも活用されます。日本では類似商品として「クレーム・エペス」が市販されています。

材料（4人分）

クレーム・フレッシュ（乳脂肪分30%）250㎖／ディジョン・マスタード15ｇ／白ワイン100㎖／アンドゥイエット（パン粉付き）3本／塩、黒コショウ各適量

作り方

1. クレーム・フレッシュをボウルに入れ、ディジョン・マスタードを加えてよく混ぜる（写真A）。
2. マコネの白ワイン（ここではこのドメーヌのより上質なプイィ・フュイッセ「ヴェール・クラ」2008）を加えて混ぜる。
3. オーブン皿に、パン粉の付いたアンドゥイエットを並べる（写真B）。
4. 2のソースを全体に回しかける（写真C）。
5. 180〜190℃のオーブンに入れて約20分間焼く（写真D）。好みで「グラタン・ドーフィノワ」（ジャガイモのグラタン、64ページ参照）などを添える。

グラタンのソースにはキノコやエシャロット、ちぎったパンやクルトンを加えても美味。

結婚前は法律を学んだというシルヴィー・ブーリエさん。カラフルな色使いのキッチンで、とても手早く楽しそうに料理を作っていた。

当主のフレデリック=マルクさんはクラッシック・カーが趣味。家にはたくさんのミニチュアが飾られていた。

Sylvie Burrier
マコンの白ワインのためにあるグラタン？

　アンドゥイエットのグラタンはリヨンのブション（リヨン風居酒屋）の定番メニュー。シルヴィー・ブーリエさんが作るのは、ソースにマコネ地区の上級な白ワイン、自家の「プイィ・フュイッセ」を加えた「マコン風」。当然、ワインとの相性は抜群だ。マコンのアンドゥイエットにはマスタードが入るが、シルヴィーさんはソースにもマスタードを加えて後口をさっぱりさせる。3人の息子たちが大好きなグラタン・ドーフィノワも添えると、にぎやかな食卓になる。

Les vins locaux

Pouilly-Fuissé "La Maréchaude"
プイィ・フュイッセ「ラ・マレショード」2008（左）

Pouilly-Fuissé "Vers Cras"
プイィ・フュイッセ「ヴェール・クラ」2008（中央）

Saint-Véran "Classique"
サン・ヴェラン「クラシック」2008（右）

ブルゴーニュ地方の南、マコネ地区の南端の小地区がプイィ・フュイッセ。同地区のシャトー・ボールガールの所有畑は約22ヘクタールと、この地区では広大。不規則な地形による微気候や異なる土壌は、ワインに多彩な味わいを生む。良質区画「ラ・マレショード」や石灰質主体の個性的な畑「ヴェール・クラ」などを持ち、各土地の味わいを表現するのがモットー。

Château de Beauregard

Un peu d'histoire
シャトー・ド・ボールガール

6代目となるフレデリック＝マルク・ブーリエさんの属するブーリエ家は、15世紀から続く名門。「土地の味わい」を重視したワイン造りに早くから取り組んでいる。

Paris
Macon
Château de Beauregard
Bourgogne

DATA
Beauregard, 71960 Fuissé
☎03 85 35 60 76（要事前連絡）
joseph.burrier@wanadoo.fr
● Paris Lyon（パリ・リヨン）駅よりTGV線でMacon Loche（マコン）駅まで約1時間40分。マコンから車で約10分。

輸入元：テラヴェール（株）☎03-3568-2415

ブレス鶏ムネ肉と
リ・ド・ヴォーのソテー
野菜のジュリエンヌ添え

Suprême de volaille de Bresse accompagné d'un ris de veau et sa julienne de légume

　ブレス鶏のムネ肉とリ・ド・ヴォー（仔牛の胸腺肉）をバターで焼き、鶏のソースを添えました。野菜のジュリエンヌ（せん切り）を付け合わせて、食感の変化を演出します。鶏のだし汁を煮詰め、バターでとろみをつけて（モンテするといいます）ソースを作る方法は、覚えておくと便利なフランス料理のテクニック。盛り付けにセルクル型を使うと、豪華であか抜けて見えます。

材料（4人分）

鶏ムネ肉（ブレス産）150ｇ／フォン・ド・ヴォライユ350ml[※1]／リ・ド・ヴォー 150ｇ／バター 40〜50ｇ／溶き卵適量／パン粉適量／塩、白コショウ各適量／カレー粉 5ｇ／キャトルエピス 5ｇ[※2]／コショウ（白黒赤ミックス）適量／サフラン（粉末）適量／バター 20〜40ｇ／イタリアンパセリ適量　＜付け合わせ＞ズッキーニ1本／ニンジン1本／オリーブオイル30ml／塩、コショウ（白黒赤混合）、ピマン・デスプレット[※3]各適量　※1「フォン・ド・ヴォライユ（家禽のだし汁）」は化学調味料無添加の固形チキンブイヨンを湯に溶かして代用可能。　※2「キャトルエピス」は、シナモン、ショウガ、クローブ、ナツメグをミックスした調味料。　※3「ピマン・デスプレット」はバスク地方の唐辛子の粉末。

作り方

1. 鶏ムネ肉の下準備。ムネ肉は塩、白コショウ各適量をふり、タコ糸で結んで棒状に形を整えて、フォン・ド・ヴォライユで8分間ゆでる。ゆで汁は取っておく。
2. リ・ド・ヴォーの下準備。塊の状態で下ごしらえし、必要量を調理する。氷水にしばらく浸して血抜きし、沸騰した湯に入れ、あくを取りながら3〜4分間ゆでる。氷水で粗熱をとって、筋や薄膜を取り除き、水気をきってから重石をして冷蔵庫に入れておく。
3. 1の鶏ムネ肉の糸を外し、フライパンに分量のバターのうちの半量を溶かして塩、白コショウをふって焼く。粗熱がとれたら切る。
4. 2のリ・ド・ヴォーの一部を取り出し、塩、白コショウをふってから溶き卵にくぐらせて、パン粉をつける。フライパンに残りのバターを溶かして焦げ目をつけながら焼き（写真A）、粗熱がとれたら切り分ける（写真B）。
5. 付け合わせの準備。ズッキーニは細切り、ニンジンも皮をむいて細切りにして、オリーブオイルで歯応えを残して炒める。塩、コショウ、ピマン・デスプレットで調味する。
6. ソースを作る。1のフォン・ド・ヴォライユのあくを取りつつ弱火で1/4量程度になるまで煮詰める。カレー粉、キャトルエピス、塩、コショウで調味し、サフランで色付けする。仕上げにバター 20〜40ｇを加えて溶かし、とろみを出す。
7. セルクル型を皿に置き、5の野菜類を入れて抜く（写真C）。
8. 肉類を7の上に盛り付け、周囲に6のソースをかけて（写真D）、イタリアンパセリを飾る。

歯ごたえのあるムネ肉とやわらかいリ・ド・ヴォー、野菜の3種類の食感を楽しめる。バターは乳酸発酵の無塩がおすすめ。

「肉の食感と白ワインの質感を合わせたよ。ワインの樽香にはエキゾチックなスパイスが意外に合うんだ」と、ジャン＝ミシェル・シャルトロンさん。

調理台の引き出しを開けるとたくさんのスパイスが整然と並んでいた。

シャルトロンさんと「パパ大好き」とキッチンでずっと見ていた娘のクレマンスちゃん。

Jean-Michel Chartron
複雑なワインには、複雑な味わいのひと皿を

　ジャン＝ミシェル・シャルトロンさんは、偉大な白ワイン、モンラッシェの特級畑を擁する「ドメーヌ・ジャン・シャルトロン」の5代目。家族のためにしばしば夕食を作り、ワインを造る時にも、どんな料理が合うかを常に考えているというグルメだ。力強くコクのある白ワインに合わせたのは、バターで香ばしく焦げ目を付けた肉とスパイシーなソース。「複雑な味わいのワインには、やはり複雑な料理を作らないとね」と、料理を前にシャルトロンさんは胸を張る。

Les vin locaux

Chassagne-Montrachet "Les Benoîtes"
シャサーニュ・モンラッシェ「レ・ブヌワ」2008（左）

Chevalier-Montrachet Grand Cru "Clos des Chevaliers"
シュヴァリエ・モンラッシェ グラン・クリュ「クロ・デ・シュヴァリエ」2008（中央）

Puligny-Montrachet 1er Cru "Clos de la Pucelle"
ピュリニー・モンラッシェ プルミエ・クリュ「クロ・ド・ラ・ピュセル」2008（右）

モンラッシェ特級畑（グラン・クリュ）4つのうちの「モンラッシェ」と「バタール・モンラッシェ」の2つは、シャサーニュ側とピュリニー側の区画にまたがっている。それぞれの味わいの特徴は、前者がスチール線のように力強く、後者は絹糸のように優美とされる。写真中央は、すべてがピュリニー側の区画にあり、シャルトロン家が単独で所有する「クロ・デ・シュヴァリエ」。

Un peu d'histoire
ドメーヌ・ジャン・シャルトロン

1859年に創業。現在はピュリニーの区画を中心に13ヘクタールを持ち、3つの特級畑を所有。ジャン＝ミッシェルさんは、金融コンサルタントを辞めて跡を継いだ。

Domaine Jean Chartron

Domaine Jean Chartron
Bourgogne

DATA
8 Grande Rue, 21190 Puligny-Montrachet
☎03 80 21 99 19　caveau@jeanchartron.com
10:00〜12:00、14:00〜18:00（5〜10月の木〜日、その他は要事前連絡）
●Paris Bercy（パリ・ベルシー）駅よりTGV線でBeaune（ボーヌ）駅まで約2時間20分。ボーヌから車で約20分。

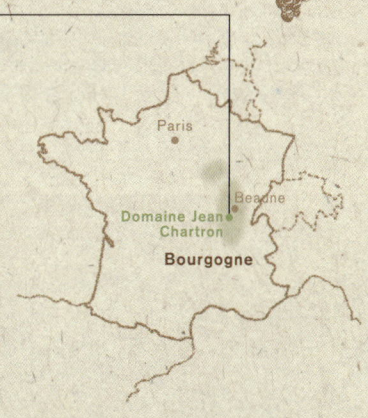

輸入元：(株)ファインズ ☎03-5745-2190　075

Column 03

料理上手な主婦ほど、
切れない包丁を使っている？

> シェフはまな板で、
> マダムは野菜を空中で切る！

　日本ほど頻繁に使われないフランスの調理器具は何でしょう？ それは、まな板です！ フランスでは料理に慣れたマダムほど、まな板を使いません。ニンジンやニンニクなども、器用に皮をむいては直接ペティナイフで切って鍋に入れます。これは便利かも、と観察していたら、野菜を動かし、ナイフを親指にあてるようにして切っていました。かなり切れ味が悪いので、上下に引かない限り指は切れませんが、慣れないと怖いです。ちなみに、ホテルやアパート備え付けのナイフも切れないので、自炊する場合には包丁を持参した方がよさそう。
　では、シェフはどうかというと、大きなまな板と数種類の包丁を使用しています。しかし、家庭の場合は、「魚は魚屋さんでさばいてもらうし、野菜は煮込むんだから、そんなに形を揃えて切らなくてもいい」そうです。

04
Champagne

シャンパーニュ地方

トロワの街で有名なのは豚モツのソーセージ、
トロワ風の「アンドウィエット」です。
牛乳の白カビチーズ「シャウルス」、
表皮を灰でおおった「サンドレ・ド・ラ・
シャンパーニュ」など、おいしいチーズも名産品。
そして、しばしばシャンパンと合わせて
楽しまれているのが、ロゼ色のランスの焼き菓子
「ビスキュイ・ド・ランス」。
メレンゲのような軽い食感で、シャンパンに
浸してつまむのが定番です。

Champagne ❈ シャンパーニュ地方　#17

グジェール
Gougères

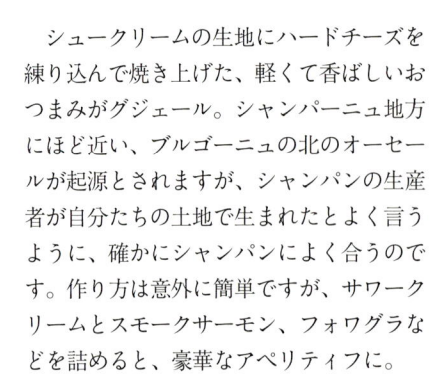

　シュークリームの生地にハードチーズを練り込んで焼き上げた、軽くて香ばしいおつまみがグジェール。シャンパーニュ地方にほど近い、ブルゴーニュの北のオーセールが起源とされますが、シャンパンの生産者が自分たちの土地で生まれたとよく言うように、確かにシャンパンによく合うのです。作り方は意外に簡単ですが、サワークリームとスモークサーモン、フォワグラなどを詰めると、豪華なアペリティフに。

Le petit true!
練り込むチーズはハード系から好みで選ぶ

グリュイエール、エメンタール、コンテなどのハード系チーズを好みで細かくして加えてください。細切りのピザ用のチーズでも可。

材料（40個分）

水250ml／塩20g／有塩バター75g／小麦粉150g／卵4個／グリュイエールチーズ85ｇ／ナツメグ適量／水適量

作り方

1. オーブンは150℃に温めておく。グリュイエールチーズは小さめの角切りにしておく。適当な大きさに切ったバターと水を鍋に入れて中火にかける（写真A）。
2. 沸き立ってきたら、火からおろし、小麦粉とナツメグを加え、木べらでよく混ぜる（写真B）。
3. 全体が混ざったら再び弱火にかけ、表面が少し乾いた感じになるまで練り、火からおろす。
4. 卵をひとつずつ加えて、そのつど木べらでよく混ぜる（写真C）。最後の卵は生地の様子を見ながら加え、木べらですくいとってぼったりと三角形に落ちる固さに調整する。
5. グリュイエールチーズを混ぜる。
6. 天板にオーブンシートを敷く。スプーン2本を水でぬらしながら生地をすくいとり、小さめの球状にまとめて、均等に並べる（写真D）。作業のつどスプーンを水で湿らせると作業しやすい。
7. 150℃のオーブンで約25分間焼く。扉を開けるとしぼんでしまうので、焼いている途中でオーブンは絶対に開けない。

重たさはないが、ハード系チーズの旨味があるので、ブラン・ド・ノワールなどのシャンパンに合う。

当主のジャン＝ピエール・フルーリーさんと奥さん。グジェールとシャンパンでアペリティフを楽しむ。

スペイン出身のコンセプション・ユットさん。料理教室や知人のレシピでフランス料理を体得した彼女は、「できあいの料理を並べたことはないわよ！」と料理の腕前に自信を持つ。

Conception Huth
生地は牛乳の代わりに水で練り上げ、後口を軽く

　華やかな印象のシャンパンに家庭料理のイメージは薄いが、シャンパンも「ワイン」のひとつ。大手のメゾン（シャンパン生産者）ばかりではなく、ブドウを自家でシャンパンに仕上げて瓶詰めする小規模生産者もいれば、そこで食されるおいしい料理もある。メゾン・フルーリーで長年働くコンセプション・ユットさんは、家族のような存在で、フルーリー家定番のおつまみ、グジェールもお手のもの。「牛乳の代わりに水で練るのよ」と後口の軽さの秘密を教えてくれた。

Les vins locaux

Fleury Blanc de noirs
フルーリー　ブラン・ド・ノワール(左)

Fleury rosé de saignée brut
フルーリー　ロゼ・ド・セニエ ブリュット(中央)

Fleur de l'europe brut
フルール・ド・ヨーロッパ ブリュット(右)

3代目のジャン＝ピエールさんは、1970年からオーガニック栽培に取り組み、82年、シャンパーニュ地方で最初に「ビオディナミ」認証を得た生産者。地元での人望も厚く、近隣ではオーガニック栽培に取り組む生産者が増えている。フルーリーのシャンパンは、やさしいが湧き上がるエネルギーがある。飲み込んだ後、目の前がスーッと明るく開け、キラキラと輝くような味わい。

Un peu d'histoire
フルーリー ペール・エ・フィス

コート・デ・バール地区にある、メゾン・フルーリーの歴史は1895年まで遡る。当主のジャン＝ピエールさんの息子ジャン＝セバスチャンさんも手伝いを始めた。

Fleury Père et Files

Paris
Troyes　Fleury Père et Fils
Champagne

DATA
43 Grande Rue, 10250 Courteron
☎03 25 38 20 28(要事前連絡)
champagne@champagne-fleury.fr
● Paris Est(パリ東)駅よりIC線でTroyes(トロワ)駅まで約1時間30分。トロワから車で約60分。

輸入元:(株)マスモト ☎03-3580-6578　　081

Champagne ✣ シャンパーニュ地方   #18

プール・オ・ポ
(鶏肉の煮込み)
Poule au pot

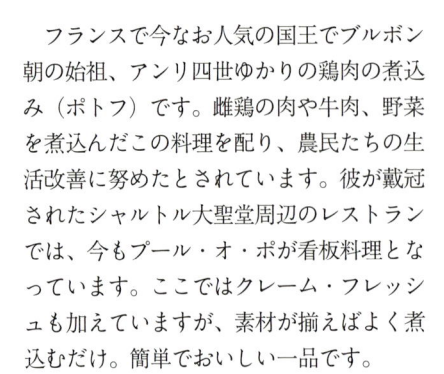

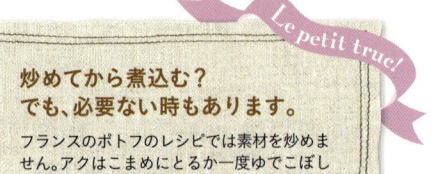

　フランスで今なお人気の国王でブルボン朝の始祖、アンリ四世ゆかりの鶏肉の煮込み（ポトフ）です。雌鶏の肉や牛肉、野菜を煮込んだこの料理を配り、農民たちの生活改善に努めたとされています。彼が戴冠されたシャルトル大聖堂周辺のレストランでは、今もプール・オ・ポが看板料理となっています。ここではクレーム・フレッシュも加えていますが、素材が揃えばよく煮込むだけ。簡単でおいしい一品です。

Le petit truc!
炒めてから煮込む？でも、必要ない時もあります。
フランスのポトフのレシピでは素材を炒めません。アクはこまめにとるか一度ゆでこぼします。地鶏を使い、煮込む時に「コントレックス」などの超硬水を1〜2割、加えてみると、フランスの家庭に近い味になります。

材料（4〜6人分）
鶏1羽[※1]／タマネギ2個／ニンジン2本／ニンニク4片／クローブ3粒／ブーケガルニ（ローリエ、イタリアンパセリ、タイム）1本／発酵有塩バター40g／小麦粉45g／クレーム・フレッシュ（乳脂肪分30％）40ml[※2]／塩、コショウ各適量／ゆでた米適量／イタリアンパセリ適量

※1 鶏肉は丸ごと1羽でなくてもよいが、手羽先や手羽元、モモ肉など骨付きの部位を数種類入れる。
※2 68ページ参照。

作り方
1. 鶏肉は下処理の済んだものを用意。二つに割って脚や胴体を8つに切り分ける。首ヅルや砂肝もあれば入れる。タマネギは皮をむいてクローブを刺す。ニンジンは皮をむいて適当な大きさに切る。ニンニクは皮をむく。これらの鶏肉と野菜とブーケガルニを鍋に入れて水（材量外）をひたひたに注ぎ、塩、コショウを加える（写真A）。
2. 煮立つまで中〜強火でアクを取り、弱火で3時間以上煮る。写真は煮てひと晩たったもの（写真B）。野菜はほぼ煮溶けた状態。
3. ソースを作る。片手鍋を中火で熱してバターを溶かし、小麦粉をふり入れて泡立て器で混ぜる（写真C）。
4. 全体がまとまったら、温めた2のスープを少しずつ加え、混ぜながら伸ばす（写真D）。全体がなめらかになったらクレーム・フレッシュを加えて2の鍋に戻す。
5. 仕上げにゆでた米とイタリアンパセリ、ニンジンを添える。

鶏肉のあらゆる部位を時間をかけて煮込むことで旨味を出し、小麦粉とバターでとろみをつける。

モーリセットさんとその息子ローランさん(中央)、そしてそのパートナーのドミニク・モローさん(右)。

ロバン君は、庭を駆け回る凶暴な顔つきの鶏にもすっかり慣れた様子。

「ハーブは好みで。お米の代わりにゆでたジャガイモを添えてもいいわよ」と、家庭菜園でブーケガルニ用のハーブを摘むモーリセット・ピオロさん。

Maulicette Piollot
収穫で冷えた体を温める、冬の煮込み料理

　シャンパーニュ地方の中心地エペルネから約100km下った、セーヌ川の源流に近いポリゾ村。モーリセット・ピオロさんの庭では、精悍な顔つきの鶏が駆け回り、横には緑豊かな菜園が広がる。「ウチはブドウだけじゃなくて、野菜も肉も自家製のビオだよ」と力強く語る息子のローランさん。モーリセットさんが教えてくれたのは締めたばかりの鶏肉と菜園の野菜を煮込んだ、アンリ四世ゆかりの「プール・オ・ポ」。冷え込む収穫期には摘み手たちにも人気のメニューだ。

Piollot Père et Fils Cuvée de réserve Brut
ピオロ・ペール・エ・フィス
「キュヴェ・ド・レゼルヴ」（左）

Piollot Pére et Fils Cuvée rosé Brut
ピオロ・ペール・エ・フィス
「キュヴェ・ロゼ」（右）

レゼルヴはピノ・ノワール50％、シャルドネ40％、ピノ・ムニエ10％。どちらかというとふくよかでブドウの存在感がある味わいで、軽さや華やかさを売りにしたシャンパンとは一線を画す。ロゼは単一の区画の樹齢38年のピノ・ノワール100％で造られる。AOCシャンパーニュでは手摘みが原則。収穫期にはモーリセットさんの敷地内の別棟で40人が寝起きする。圧搾には伝統的な垂直式の木製のプレス機を使う。

Piollot Père & Fils

Un peu d'histoire
ピオロ ペール・エ・フィス

生産者のローラン・ピオロさんはこのワイナリーの5代目。現在9ヘクタールの畑を所有し、2005年からオーガニック栽培に取り組んでいる。

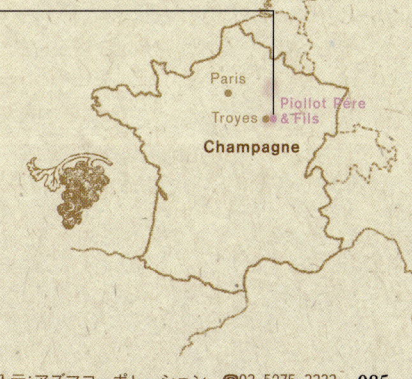

Paris
Troyes — Piollot Père & Fils
Champagne

DATA
Rue de Tonnerre, 10110 Polisot
☎03 25 38 57 45（要事前連絡）
●Paris Est（パリ東）駅よりIC線でTroyes（トロワ）駅まで約1時間30分。トロワから車で約50分。

輸入元：アズマコーポレーション ☎03-5275-3333

04 Column

でも、いいシャンパンは
泡が抜けてもおいしいよ。

残ったシャンパンやワイン、
どうやって保存していますか？

「栓を抜いたシャンパンが長持ちするんだよ」と得意げに冷蔵庫を開けてくれた20歳のモードちゃん。見ると、瓶口にティースプーンが刺してあるだけ。これでは泡が抜けてしまうでしょ？　これは彼女が聞いた「おばあちゃんの知恵」だそうですが、飲みかけのボトルには、やはり市販の専用ストッパーを使いたいところ。
　では、飲みかけのワインには？　おすすめしたいのは「ペリエ」などのミニボトルの空き瓶です。抜栓後すぐに、ワインを空き瓶の口まで注ぎ分け、きつくスクリューキャップを締めます。空き瓶のワインを空気に触れさせずに冷蔵庫に入れておけば、かなり持ちます。ちなみに空気抜きやガス注入による保存は、香りが抜けたり、味が変わってしまうこともあるようです。

05
Alsace

アルザス地方

夏の日照量は非常に多く、熟したブドウの採れる
土地ですが、冬は雪が降って冷え込みます。
そのため、肉とキャベツの漬物の煮込み「シュークルート」や
野菜と数種類の肉を煮た「ベックオフ」など、
体が温まる重たいメニューが多いようです。
でも、軽くつまみたければ、パン生地の上にタマネギと
ベーコンのせた「タルト・フランベ」をどうぞ。
ちなみに、パリにアルザス料理の老舗のブラッスリーが
少なくないのは、1870年の普仏戦争後にアルザス出身者が
お店を開いたという歴史に由来します。

Alsace ✤ アルザス地方　#19

シュークルート・ロワイヤル

Choucroute royale

「シュークルート」はパリのブラッスリーでもよく見かけるメニュー。同じくシュークルートと呼ばれるキャベツの漬物とともに、ソーセージやベーコンなどを煮込むのが基本ですが、魚を使うレシピもあるようです。いずれにせよ、発酵したキャベツの酸味が味の決め手。日本でも瓶詰や缶詰が入手できるので、ぜひ試してみてください。ここでは肉類が何種類も入った豪華版ですが、豚肉を中心にお好きな材料でどうぞ。

材料（8人分）

タマネギ2個／クローブ4粒／オリーブオイル50mℓ／シュークルート1.5kg／フェンネルシード適量／塩20g／黒コショウ適量／白ワイン400mℓ／水1〜1.5ℓ／塩漬け豚バラ肉2本(500g×2)／塩漬け燻製豚バラ肉2本(500g×2)／豚足5本／仔牛レバー300g／ポレンタ粉50g／卵2個／塩10g／パセリ適量／ナツメグ適量／バター10g／ジャガイモ20個／ストラスブールソーセージ8本※1／モンブリヤールソーセージ6本※2

※1 ストラスブールソーセージは、アルザス地方のソーセージ。
※2 モンブリヤールソーセージは近隣のフランシュ・コンテ地方のもので、燻製をかけているのが特徴。

作り方

1. タマネギの皮をむく。1個はみじん切り、残りはクローブを刺す。
2. 鍋にオリーブオイルをひき、1でみじん切りにしたタマネギを加えて強火で炒める(写真A)。火が通ったらシュークルートを加えて軽く炒め、フェンネルシード、塩、黒コショウを入れる。白ワインと全体が浸る程度の水を注ぐ(写真B)。
3. バラ肉類と豚足をすべて2の上にのせ、1でクローブを刺したタマネギも加える(写真C)。煮立ったら弱火で蓋をして1時間45分煮る。
4. レバー、ポレンタ粉、溶き卵、パセリ、ナツメグをフードプロセッサーにかけ、スプーンですくって熱湯に入れ(写真D)、浮き上がってきたら皿に取り、クネルを作る。フライパンにバターを溶かし表面に焼き色をつける。
5. ジャガイモは皮付きのままゆでて、皮をむく。ソーセージは5分間、熱湯でゆでる。
6. 皿に3のシュークルート、4のクネル、5のソーセージとジャガイモを盛る。

088

付け合わせのジャガイモのホクホクした味わいと甘味があると、とても落ち着く。大きめに切って蒸してもよい。

「時間がある時は蓋付き鍋に入れてオーブンで煮ます。ソーセージは、はじけるから必ず最後に入れてね」と、小さな声でゆっくりと話すガビー・グラスさん。

孫娘のゾーエちゃんは8歳。すでにワインの香りに興味を持ち始めた。

ガビーさんと息子さん夫婦、3人の孫娘が集まった。左後ろのジャン君は南仏ニームにある「ドメーヌ・クライデンヴァイス」を手伝っている。

ワイナリーの2階には明るいテイスティングルームも。

Gaby Glass
ハーブと酸味を利かせた「もたれない」シュークルート

　アルザスはヴォージュ山脈に沿って南北120kmにのびるワイン産地。ガビー・グラスさんの「ドメーヌ・マルク・クライデンヴァイス」は、北のバ・ラン地方に位置し、繊細かつ力強い味わいのワインを造っている。フランスで一般的に重たい料理とされるシュークルートも、ガビーさんが煮込むとひと味違う。酸味とハーブの香りが爽やかで後口がとても軽快。バターを使わずにオリーブオイルで短時間で炒め、フェンネルシードを利かせて仕上げるのがコツだ。

Les vin locaux

Andlau Riesling
「アンドロー リースリング」2009(左)

Kastelberg Riesling Grand Cru
「カステルベルグ リースリング グラン クリュ」2008(右)

気候から生まれる違いで大きくアルザスワインの味わいを分けると、北のバ・ラン地方はタイトで繊細、南のオー・ラン地方はやわらかく丸い。クライデンヴァイスは北のバ・ラン地区にあり、偉大なカステルベルグを含む3つの特級畑を持つ。1989年からビオディナミ栽培。2009年は収穫前が暑い年だったが、酸味がきちんと感じられる。カステルベルグは、香りは地味でも静謐でまっすぐな味わいだ。

Domaine Marc Kreydenweiss

Un peu d'histoire

ドメーヌ・マルク・クライデンヴァイス

1971年にマルク・クライデンヴァイスさんが運営し始め、2008年から息子のアントワーヌさんが引き継いでいる。南仏のニームにもマルクさんの手がける別のワイナリー「ドメーヌ・クライデンヴァイス」がある。

Paris ● Strasbourg
Domaine Marc Kreydenweiss ● Barr
Alsace

DATA
12 Rue Deharbe, 67140 Andlau
☎03 88 08 95 83(要事前連絡)
marc@kreydenweiss.com
● Paris Est(パリ東)駅よりTGV線でStrasbourg(ストラスブール)駅まで約2時間20分。ストラスブールからBarr(バー)駅までTER線で約40分。バーから車で約5分。

輸入元:(株)中島董商店 ワイン営業部 ☎03-3405-4222

091

Alsace ✤ アルザス地方　#20

ベックオフ
Baekeoffe

　アルザス地方は北から南に下るとワインもふくよかなタイプが多くなります。野菜と肉をココット鍋に入れて調理する「ベックオフ」は、ボディのある白ワインの味わいにぴったりです。牛、豚、羊肉と3種類の肉を一昼夜ワインに漬け込み、さらにワインを加えてオーブンで蒸し煮します。ここではリースリング種のワインを使っていますが、残糖の少ないアルザスワインをたっぷりと使うのがおすすめです。

Le petit truc!

専用の鍋がなければ、厚手の蓋付き鍋で

アルザスではベックオフ専用の蓋付きの土鍋があり周囲にパン(パイ)生地を張り付けて密閉しますが、レシピのように水分量を多くすればなくても大丈夫。オーブンに入れられる蓋付きの厚手鍋で作れます。

材料（8人分）

豚バラ肉1kg／豚足2本／牛肩肉500g／牛腕肉500g／仔羊肩肉500g／ニンジン2本／ローリエ20枚／枝付きタイム6本／パセリ3本／白ワイン3本(各750mℓ)／ジャガイモ10個／タマネギ6個／塩25g／白コショウ5g

作り方

1. 肉類を準備する。豚バラ肉、豚足、牛肩肉、牛腕肉、仔羊肩肉、を約3～4cm角に切って、塩、白コショウを適量(各分量外)まぶす。輪切りのニンジン、ローリエ、タイム、パセリとともにボウルに入れ、2本分の白ワインを注いで1日おく。
2. ジャガイモは皮をむいて7mm程度の厚さに切る。タマネギは皮をむいて薄切りにする。
3. 蓋付きの鍋に肉類を3回、野菜類を交互に4回に重ね入れ、層を作る。まず鍋に1/4量の輪切りのジャガイモとタマネギを敷き、その上に豚足以外の漬け込んだ肉類を1/3量敷いて(写真A)、分量の1/3量の塩、白コショウを入れる。漬け込みに使ったハーブも途中で適宜加える。この作業を3回繰り返す。豚足は3回目に入れる。最後に残りのジャガイモとタマネギをかぶせる(写真B)。
4. 1の漬け込み液を注ぎ、さらに白ワイン1本分を注ぐ(写真C)。
5. 蓋をかぶせ、180℃に温めておいたオーブンの下段で2時間30分加熱する(写真D)。

果実味と骨格のあるフルボディの白ワインがよく合う。口中をさっぱりさせるグリーンサラダは好みで添える。

ドメーヌ・マルク・タンペは、アルザス南部コルマールの町にほど近い小村ツェレンベルク村にある。

妻のアンヌ・マリーさんと息子シモン君にワインを注ぐマルクさん。あらたまってグラスに注いだ途端に、果実の華やかな香りが部屋に広がった。

慣れた手つきのマルク・タンペさんだったが、「普段は料理しないのよ」と見守る奥さんのアンヌ・マリーさん。鍋の蓋を開けた途端に二人の歓声が響いた。

Marc Tempé
「ベックオフ」の肉類は最低3種類、体も温まる一家のごちそう

「ベックオフ」の意味は「パン屋のかまど」。パン屋のかまどに鍋を持ち寄り、調理したのが起源という。似たような発祥説はアルザス以外の土地にもあるが、ジャガイモをきざみながら太い声で語る、マルク・タンペさんの話は想像性に富む。

「昔、主婦が冷たい泉で洗濯をしたのは決まって月曜日。そこで日曜日に余った肉を集めてパン屋のかまどに持って行き、洗濯のあとで一家で食べたんだ。体も温まるし」。やわらかく煮えたベックオフは心まで温まるような味わいだ。

Les vin locaux

Riesling Zellenberg
「リースリング ツェレンベルク」2008（左）

Gewurztraminer Mambourg
「ゲヴュルツトラミネール マンブール」2008（右）

ドメーヌ・マルク・タンペの特級畑「マンブール」はアルザス地方の南でもとりわけ日照量が多い。ビオディナミ栽培のブドウ、ゲヴュルツトラミネールの華やかな香りとふくよかな味わいに、石灰質土壌がミネラル感と酸を与えている。ワインは滓の上での熟成期間が2年と長く、よりパワフルでミネラル感を引き出す造り。「リースリング　ツェレンベルク」もフルーティでふくよかな味わい。

Un peu d'histoire

ドメーヌ・マルク・タンペ

1993年設立。ビオディナミ栽培、ゆっくりと行うブドウのプレス、自然酵母での発酵と長期熟成など、特徴的な方法で力強いワインを造る。

Domaine Marc Tempé

Paris ● ● Strasbourg
Domaine Marc Tempé ● ● Sélestat
Alsace

DATA

16 Rue du Schlossberg, 68340 Zellenberg
☎03 89 47 85 22（要事前連絡）
marctempe@wanadoo.fr
● Paris Est（パリ東）駅よりTGV線でStrasbourg（ストラスブール）駅まで約2時間20分。ストラスブールからSélestat（セレスタ）駅までTER線で約30分。セレスタから車で約20分。

輸入元：ディオニー（株）　☎075-622-0850　095

Column 05

おうちアペロで友人との会食を気軽にスタート！

> ミニトマトがつまみです。甘口ワインのミュスカやウォッカを飲みつつ。

　フランス人家庭の食卓に招かれた際に欠かせない習慣といえば、食前酒を意味する「アペリティフ（話し言葉では「アペロ」）」です。スパークリングワインや、ちょっと強めのお酒を飲んで食欲を刺激し、ソファなどで他愛ないおしゃべりを楽しみます。30分〜１時間程度続くこともありますが、慣れるとなかなかいいものです。何よりホスト、ホステスにとって便利。食事の準備が万端でなくても、楽な気持ちでゲストをお迎えできます。また、遅れてくるゲストにとっても優しい習慣です。

　シャンパンに高級デリのつまみということもありますが、もっと気楽にスーパーで販売されているスナック菓子やミニトマトの山盛り、ソーセージの薄切りをつまみにしたりもします。また、アペロに梅酒も喜ばれます。おうちアペロ、試してみませんか？

06
Loire

ロワール地方

東西1000kmにわたるロワール河沿いに広がる
この土地は、穏やかな気候風土も手伝って、
さまざまなワインや食材を豊富に生み出します。
上流付近のサンセールでは山羊のチーズ、
中流のアンジェでは、豚肉のペースト「リエット」や
ソーミュールの洞窟栽培のキノコ。
下流付近のナントでは大西洋の新鮮な魚、
そして川魚も豊富です。
これら食材を近隣のブルターニュ産のバターや
クリームで仕上げたのが、ロワールの料理です。

Loire ✤ ロワール地方　　　#21

熱いクロタン・ド・シャヴィニョルとマーシュのサラダ

Salade de mâche au Crottin chaud

　ロワールの東のワイン産地、サンセールにほど近いシャヴィニョル村の山羊の乳から作るチーズ「クロタン・ド・シャヴィニョル」のサラダをご紹介します。フランスのサラダはチーズや鶏肉、サーモンなどが入るので、ボリューム満点。たっぷりの葉野菜をドレッシングで和え、お好みの具材を加えてバゲットを添えれば、フランスのカフェ風の昼食になります。上質なシェーヴルチーズが入手できたらお試しを。

Le petit truc!

イマジネーションがカギ？おうちごはんでカフェ風サラダ

フランスのカフェのサラダは、ノルディック風はサーモン、ニース風はアンチョビとオリーブ、ペリゴール風はフォワグラと、各地の名産品が入ることが多いです。色々な土地を想像しつつ、サラダを作ると楽しくなりますね。

材料（4人分）

パン・ド・カンパーニュ 4切れ／クルミオイル適量／クロタン・ド・シャヴィニョル 2個（1個60g）／エシャロット 1個／白ワインビネガー 30㎖／バルサミコ 5㎖／塩 5g／オリーブオイル 30㎖／クルミオイル 15㎖／黒コショウ適量／マーシュ（ノヂシャ）400g※／ミニトマト適量／クルミ適量／シブレット適量
※マーシュがない場合は、エンダイブやチコリなどでもよい。

作り方

1. 天板にアルミホイルを敷き、薄切りのパン・ド・カンパーニュを並べて刷毛でクルミオイルを塗る。横に2等分したクロタン・ド・シャヴィニョルをのせ、さらにクルミオイルを塗る（写真A）。アルミホイルをかぶせて190℃のオーブンに入れる。途中でアルミホイルをはずし、表面を焦がしながら焼いていく。

2. みじん切りのエシャロットを大きなボウルに入れる。ソースピッチャーに、白ワインビネガー、バルサミコ、塩を加えて溶かす。次に、オリーブオイル、クルミオイルを加えてよく攪拌し、黒コショウを加えてドレッシングを作る。エシャロットの入ったボウルに注ぐ（写真B）。

3. ひげ根を取り、よく洗って水気を切ったマーシュを2のボウルに入れて、下からすくい上げるように混ぜ、ソースを全体に馴染ませる（写真C）。

4. 3を皿に盛り、2等分したミニトマトと、クルミを盛り合せる。焼き上がった1をのせて（写真D）シブレットを飾る。

顔の黒い山羊の乳から作るクリーミーなクロタン・ド・シャヴィニョルとサンセールワインのマリアージュは定番。

ドニーズ・ジットンさんによれば、「クロタン・ド・シャヴィニョルは、若すぎず、古すぎず。表面が少し黄色いクロタンを使うのがコツ」とのこと。

ドニーズさんと夫のパスカルさん。チーズやハムをつまみつつ自家製のワインで乾杯。キッチンで楽しげに作業していた。

ワインにミネラル感をもたらすという畑の石「シレックス」は、すり合わせると焼き牡蠣の香りがする。

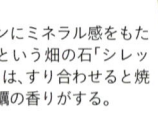

Denise Gitton
チーズのさまざまな表情を楽しめる家庭のレシピ

　焼いたシェーヴルチーズを葉野菜にのせたサラダはパリのカフェの定番だが、本場の家庭のレシピはどんなもの？　ドニーズ・ジットンさんはクロタン・ド・シャヴィニョルを厚切りで焼く。カフェでは薄切りを焼くため、中で溶けてしまい、臭みも強い。ところが、ドニーズさんの方法だと表面の香ばしさに加えて、クロタン・ド・シャヴィニョル中心部のほっくりした旨味が口中に広がる。シャープで香り高いサンセールと合わせると、とてもあか抜けたマリアージュになる。

Les vins locaux

Sancerre Blanc "Les Romains"
サンセール・ブラン「レ・ロマン」2010（左）

Sancerre Blanc "Les Belles Dames Silex"
サンセール・ブラン「レ・ベル・ダム シレックス」2010（右）

ロワールの東側のサンセールは、ブルゴーニュのシャブリに近い。土壌もシャブリと同様の石灰質だが、シレックスと呼ばれる石が混じっているのが特徴。ジットン家の畑は大半がサンセールにある。「レ・ベル・ダム シレックス」はシレックスに由来するスモーキーな香りとミネラル感が印象的。「レ・ロマン」は果実味豊かでなめらか。余分な樽香がつかないように、どちらも新樽を使わない。

Gitton Père et Fils

Un peu d'histoire
ジットン・ペール・エ・フィス

1945年に設立。1953年よりワイナリー元詰めとなり、現在は息子のパスカル・ジットンさんが当主。土壌の個性の違いを引き出すべく、区画ごとの醸造に取り組んだパイオニア的存在だ。

Paris
Angers
Cosne-sur-Loire
Gitton Père et Fils
Loire

DATA
7 Chemin de Lavaud, 18300 Ménétréol-sous-Sancerre
☎02 48 54 38 84　cavegitton@wanadoo.fr
8:30 〜 12:00, 14:00 〜 17:00（要事前連絡）
●Paris Bercy（パリ・ベルシー）駅よりIC線で Cosne-sur-Loire（コーヌ＝シュル＝ロワール）駅まで約2時間。
コーヌ＝シュル＝ロワールから車で約20分。

輸入元：大榮産業（株）☎03-3768-1266

Loire ✤ ロワール地方　　　#22

ホタテ貝のソテー アンディーヴ添え

Coquilles Saint-Jaques au fondue d'endive

　ロワール地方などの北西部、ボルドーに近い南西部、ラングドックなどの地中海沿岸部など、海に近いところでは、魚介類を比較的多く食されます。ロワール地方、アンジェのマルシェ（市場）でもブルターニュ産の新鮮な甲殻類や貝類が店先に並びます。コライユ（卵巣）付きのホタテ貝はちょっとした高級食材。同じく特産品のバターで炒め、アンディーヴのバターソテーを添えるとワインが進むひと皿になります。

Le petit truc!

コライユ付きのホタテは高級食材
ホタテ貝のオレンジ色の卵巣は「コライユ」と呼ばれ、珍重されています。貝柱のみでも作れますが、コライユ付きがあれば使ってみて。

材料（4人分）
<アンディーヴ>
バター 140g ／オリーブオイル 30mℓ／アンディーヴ 2個／クレーム・フレッシュ（乳脂肪分30％）30mℓ※／塩、白コショウ各適量／クミン適量
<ホタテ貝>
バター 25g ／ホタテ貝柱（コライユ付き）むき身24個／塩、白コショウ各適量／オレンジの皮適量／セルフィーユ適量
※68ページ参照。

作り方
1. アンディーヴを準備する。分量のうち100gのバターとオリーブオイルをフライパンに溶かし、薄切りにしたアンディーヴを焦げないように、中火で水分が出てくるまで炒める。クレーム・フレッシュを加え、蓋をして弱火にかけておく。
2. ホタテ貝の準備。別のフライパンに分量のバターを溶かし、ホタテ貝に焼き色を付ける（写真A）。塩、コショウで調味する。
3. 火にかけておいたアンディーヴが充分にやわらかくなったら、1で残しておいた40gのバターを足し（写真B）、塩、白コショウ、クミン各適量で味付けする。苦味が強いようであれば、砂糖少量（材料外）を加える。好みでサフラン少量を加えてもよい。
4. 温めておいた皿に3のアンディーヴと2のホタテ貝を盛り（写真C）、セルフィーユと細く切ったオレンジの皮を散らす（写真D）。

炒めたアンディーヴがソースの代わり。白ワインの風味に合わせてスパイスの量を増減したり、サフランを加えてもよい。

中庭にて、ジャクリーヌさんと息子のクリストフさん(右)、夫のジャン・ピエールさん(左)。かつては製粉業を営んでいた。

海洋性気候のアンジューでも稀に雪が降り、暖炉が活躍する日もある。

息子のクリストフさんと相談しながら料理を作ってくれた、ジャクリーヌ・ダヴォーさん。ホタテ貝以外に白身魚や鶏肉を使うこともあるという。

Jacqueline Daviau
スパイスで風味豊かに仕上げる、ホタテのソテー

「ドメーヌ・ド・バブリュ」のあるアンジュー・ヴィラージュ・ブリサックは、アンジュー地区の中でも高品質なワインを造るエリアだ。オレンジのような果実味とスパイシーさが特徴のブリサックの白ワインに合わせ、ジャクリーヌ・ダヴォーさんが考えたのはホタテ貝柱のソテー。バターをたっぷりと使うのはこの土地の特徴だが、クミンやオレンジピールを加えたのは息子のクリストフさんのアイデア。エキゾチックなワインの香りとよく合い、ふっくらとしたホタテの味を深める。

Les vins locaux

"Rocca Nigra" Anjou Villages Brissac AOC
「ロッカ・ニグラ」アンジュー・ヴィラージュ・ブリサック2006（左）

"Ordovicien" Anjou blanc AOC
「オルドビシアン」アンジュー・ブラン2006（中央）

Côteaux de l'Aubance AOC
「コトー・デュ・ローバンス」2005（右）

この地区の畑の土には、シスト主体のアンジュー地区の中では例外的にテュフォー（石灰の一種）や砂岩が含まれる。ドメーヌ・ド・バブリュはその違いに注目してワインを造り分ける。「ロッカ・ニグラ」はシスト由来のカベルネ・ソーヴィニヨン、「オルドビシアン」はシスト交じりの砂岩土壌のシュナン・ブラン、「コトー・デュ・ローバンス」は甘口。

Domaine de Bablut

Un peu d'histoire
ドメーヌ・ド・バブリュ

1546年より製粉業と農業を営んできたが、19世紀の終わりにワイン専業となり、現在はクリストフ・ダヴォーさんが統括する。1996年にオーガニック認証を取得した。

Paris
Cosne-sur-Loire
Angers
Domaine de Bablut
Loire

DATA
Bablut, 49320 Brissac-Quincé
☎02 41 91 22 59（要事前連絡） daviau.contact@wanadoo.fr
9:00〜12:00, 14:00〜18:30（月〜土）
● Paris Montparnasse（パリ・モンパルナス）駅よりTGV線でAngers-Saint-Laud（アンジェ・サン・ロー）駅まで約1時間40分。アンジェから車で約20分。

105

Loire ✤ ロワール地方　#23

ブランケット・ド・ヴォー
(仔牛のクリーム煮)
Blanquette de veau

「ブランケット」とは「白い色の煮込み料理」のこと。パリのビストロでもよく見かける料理です。仔牛や仔羊、鶏肉などの白身肉を煮込み、クリームと卵黄を入れます。バターと小麦粉を炒めたルーも加えるので、重たい後口になりそうですが、白ワインやレモンが入るので食べ飽きません。ここでは肉を炒めてから煮込みますが、炒めずに熱湯と塩でゆでこぼすか、水から煮立て、アクをとってから煮込んでもよいです。

Le petit truc!
ほどよい酸味を利かせてワインの味わいに近づける

白ワインとレモン汁を加えることで、バターやクリームの重たさが消え、ほどよい酸味が利いてワインと合わせやすくなります。

材料（4人分）

仔牛肉1kg／バター30g／オリーブオイル適量／白ワイン350ml／水適量／固形ビーフブイヨン(化学調味料無添加)2個／タマネギ2個／ニンジン4本／マッシュルーム200g／バター25g／小麦粉30～40g／レモン汁1個分／クレーム・フレッシュ(乳脂肪分30％)250ml※／ゆでた米適量／イタリアンパセリ適量
※68ページ参照。

作り方

1. 鍋にオリーブオイルとバターを熱し、4～5cm角に切った仔牛肉の表面が色づくまで炒める。
2. 白ワイン(クレ・ド・セランの「サヴァニエール」)を注ぎ(写真A)、固形ビーフブイヨンを加え、全体がかぶるまで水を入れる。
3. 薄切りのタマネギ、ニンジン、マッシュルームを2に加えて弱火で約1時間30分煮る。途中で水分が少なくなったら水(分量外)を足す。
4. 3を漉しスープと具材を分ける。
5. 別鍋にバターを溶かし、小麦粉を少しずつ加えながら弱火で炒める(写真B)。小麦粉とバターがなじんだら、4のスープを少量ずつ加えてのばす。レモン汁とクレーム・フレッシュを加えて全体が温まるまで加熱する。この時、好みで卵黄1個(材料外)を加えてもよい。
6. 具材と5を合わせて温め(写真C)、全体をなじませる(写真D)。
7. 皿に盛ってゆでた米を添え、きざんだイタリアンパセリを散らす。

フランスの家庭で使う付け合わせの米は大半が長粒米をゆでたもの。粘りがなく、あっさりした野菜のような感覚で食べられ、日本の米とは異なるが美味。

南に突き出たクレ・ド・セランの畑。麓にはロワール川がゆったり流れる。

ヴィルジニー・ジョリーさんは料理好きな上に几帳面。キッチンテーブルには食材がすべて揃えられ、読みやすく書いたレシピまで用意してあった。

ヴィルジニーさんと父ニコラさん、母と兄も一緒に。ニコラさんが持っているのは祖母譲りのティーカップ。「エネルギーのあるワインは、年代物の陶器だと味が広がる」と、これで乾杯していた。

Virginie Joly
ビストロの定番料理、キノコ多めがジョリー家流

「私、料理人になろうかなー」と父に聞こえるように叫んだのは、ヴィルジニー・ジョリーさん。それに対し、「なんか言った？」と答えるのは、父ニコラさんだ。ビオディナミ栽培ワインの第一人者だが、今はヴィルジニーさんにワイン造りを引き継いでいる。確かに、ヴィルジニーさんは調理の所作が美しい。「ここは鶏肉のクリーム煮込み、プレ・アンジェヴァンが有名だけど、仔牛がワインに合うと思う。特産品のキノコもたっぷりでね」。おなかの底から力がわくひと皿だ。

108

Les vin locaux

Clos de la Coulée de Serrant
「クロ・ド ラ クレド セラン」2009

アンジュー地区のサヴァニエールで、飛び切り質の高い白ワインを生み出す二つの丘が、ロッシュ・オー・モワンヌとジョリー家が単独所有するクレド セランだ。そこに植わるシュナン・ブランの平均樹齢は40年以上、古木で80年になる。片岩主体の土で、それがワインに強いミネラルを与える。どのヴィンテージも強いエネルギー感があふれるワインなので、飲む数時間前に抜栓が必要。

Coulée de Serrant

Un peu d'histoire
クレド セラン

現在はヴィルジニー・ジョリーさんが栽培と醸造を担当。除草剤や農薬の不使用、自然や天体の摂理に従う姿勢と手法は父と変わらないが、父と比べてワインの味は少しやわらかい。

Paris
Angers Cosne-sur-Loire
Coulée de Serrant
Loire

DATA
7 Chemin de la Roche aux Moines, 49170 Savennières
☎02 41 72 22 32　info@coulee-de-serrant.com
9:00〜12:00、14:00〜17:00(月〜土.要事前連絡)
●Paris Montparnasse(パリ・モンパルナス)駅よりTGV線でAngers-Saint-Laud(アンジェ・サン・ロー)駅まで約1時間40分。アンジェ・サン・ローから車で約20分。

輸入元:(株)ファインズ ☎03-5745-2190　109

Loire ❖ ロワール地方   #24

タラのナント風ソース

Filet de cabillaud sauce nantaise

　白身魚をワインで楽しみたい時に活躍する「ソース・ナンテーズ（ナント風ソース）」。ナントはロワール地方の西部、ロワール川の河口の都市で、大西洋岸の新鮮な魚が豊富な土地です。本来は白ワインビネガーとエシャロット、バターをつないだソースですが、ここではクリームを加えたテクニックいらずのレシピです。ビネガーの代わりに白ワインを使えば、ワインとのマリアージュもより引き立ちます。

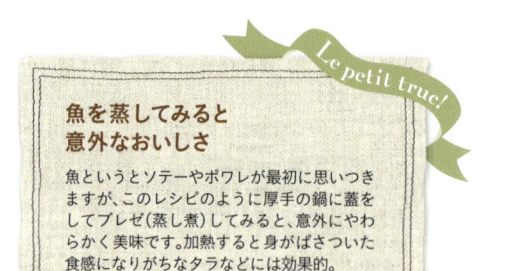

Le petit truc!
魚を蒸してみると意外なおいしさ
魚というとソテーやポワレが最初に思いつきますが、このレシピのように厚手の鍋に蓋をしてブレゼ（蒸し煮）してみると、意外にやわらかく美味です。加熱すると身がぱさついた食感になりがちなタラなどには効果的。

材料（4人分）
<付け合わせ>ネギ4本／ニンジン1/3本／オリーブオイル適量／塩10ｇ／黒コショウ適量
<魚>タラの切り身4切れ／白ワイン（ミュスカデ）200ml／塩5ｇ／黒コショウ3ｇ／スモークサーモン4切れ
<ソース>エシャロット1個／白ワイン（ミュスカデ）150ml／クレーム・フレッシュ（乳脂肪分30％）200ｇ※／塩3ｇ／白コショウ3ｇ／レモン汁1/4個分／バター（有塩）100ｇ／レモン（輪切り）1切れ／ゆでた米適量／パセリ適量
※68ページ参照。

作り方
1. 付け合わせを作る。ネギは輪切り、皮をむいたニンジンは皮むき器でリボン状にそぎ、オリーブオイルをひいて熱したフライパンに入れる。塩、黒コショウを加え、弱火でゆっくりと炒め続ける。
2. 鍋にタラの切り身を入れ、ミュスカデを注ぎ（写真A）、塩、黒コショウを加えて蓋をして弱火にかけ、火を通す。
3. ソースを作る。別鍋にきざんだエシャロットと白ワインを入れて弱火にかけ、1/10量になるまで煮詰める。クレーム・フレッシュ、塩、白コショウ、レモン汁を加えて混ぜ（写真B）弱火で沸いてくるまで加熱する。
4. バターを加えて混ぜ、火を止める（写真C）。
5. 2の切り身を取り出し、スモークサーモンで巻く（写真D）。1の付け合わせとともに皿に盛り、4のソースをかける。好みで輪切りのレモンと塩を加えてゆでた米とパセリを添える。

ふっくらとした魚の質感とソースのクリーミーさが寄り添い、ミュスカデのフレッシュな酸がアクセントとなる好相性。

イザベルさんと夫のヴァンサンさん、その父と兄。撮影の合間にも遊びに来たご近所の人が声をかけていく。

父の代からつきあいのある隣人たちがしばしばワインを買いに立ち寄る。

「バターは有塩を。最後に入れれば失敗もないし、火を入れすぎないほうが、香りが残るわよ」とイザベル・ペローさん。

Isabelle Perraud
バターが香る、クリーム入りのソース・ナンテーズ

　ロワール川の河口、ペイ・ナンテ地区で産するワインといえば、ミュスカデだ。「魚介類には断然ミュスカデよ！ カキだってシャブリよりも合うはず。こっちのほうが海に近いんだから」とイザベル・ペローさんが力強く語る横で、夫のヴァンサンさんが深くうなずく。魚料理が得意なイザベルさんが教えてくれたのは、ソース・ナンテーズ。煮詰めた白ワインにクリームを混ぜ込み、最後に上質なバターを加えて火を止める方法で、新鮮なバターの香りが生きている。

Les vin locaux

Muscadet Sèvre et Maine sur lie
ミュスカデ・セーブル・エ・メーヌ・シュール・リー 2010

"les 2 terres" Muscadet Sèvre et Maine
「レ・ドゥー・テール」ミュスカデ・セーブル・エ・メーヌ 2009

ワイナリーはナントから南東25kmのミュスカデ地区クリッソン村に位置する。クリッソンは2011年から、ミュスカデの中で、初めてラベルへの村名表記が認められた村のひとつ。澱の上での熟成「シュール・リー」は、最低で6カ月から最長で14カ月。これまでも除草剤の使用は避けてきたが、2010年から本格的にオーガニック栽培を開始している。

Un peu d'histoire
ドメーヌ・デ・コニエット

醸造担当で控え目な兄のステファンさん(左)と、栽培担当で饒舌な弟のヴァンサンさん(右)。「ワイナリーを紹介するならどうしても2人で写りたい」と言うほど、仲のよい兄弟。

Domaine des Cognettes

Paris
Nantes Cosne-sur-Loire
Domaine des cognettes
Loire

DATA
25 route de Saint Crespin Bournigal, 44190 Clisson
☎02 40 54 45 62 vincentperraud@wanadoo.fr
9:00〜12:30、14:00〜18:00(月〜土)
● Paris Montparnasse(パリ・モンパルナス)駅よりTGV線でNantes(ナント)駅まで約2時間20分。ナントからClisson(クリッソン)駅までTER線で約15分。クリッソンから車で約10分。

輸入元:日仏商事㈱ ☎078-265-5885 113

Column 06

豚肉、鶏肉、牛肉？
フランスで人気の高い肉は。

　フランスでは、かぶりつきたくなるほど質のよい豚肉が、驚くほど安いのです。その理由を考えてみました。フランスの家庭では、豚の正肉はあまり食べないようです。豚肉はソーセージやハムに加工される場合が多く、その専門店「シャルキュトリー」があちこちにあります。家庭でソーセージを作ることもないので、自然に豚肉の需要が減るのでしょう。
　ある時、市場の肉屋さんに並んでいたマダムに聞いてみると、「お財布に余裕のある時には牛肉、普段は鶏肉、時々は羊やウサギ。でも豚肉は、あまり食べないわね」とのこと。ということで、料理好きのマダムの「おうちごはん」は、鶏肉ばかりになります。ですから、この本でも鶏肉のレシピが多いというわけなのです。

豚の厚切りロース肉が安い！
とんかつをフランス人に教えたい。

07
Dessert
デセール

フランス料理の前菜、メイン、デセール（デザート）という
提供スタイルは19世紀から始まった、比較的新しい習慣です。
しかし、いまやフランス人の食卓には必須の要素。
レストランだけでなく、学生食堂や家庭でも、
このスタイルが固く守られています。
家庭では手作りのデセールに
歓声があがることもしばしば。
といっても、複雑なレシピではなく、気楽に手早く作れ、
食後のおしゃべりが弾むような軽いデセールです。

Dessert #01

プルーンのクラフティ
Les clafoutis aux prunes

　自家製の楽しさをもっとも感じられるレシピといえば、焼き菓子ではないでしょうか？　焼いている時にキッチンに漂う香りは、市販では味わえない手作りならでは。そこで「クラフティ」を紹介します。リムーザン地方の素朴な菓子で、本来はサクランボを種ごと焼き込みますが、ここでは種をとった新鮮なプルーンを入れます。バターが入らないので軽く、フルーツの味わいがくっきりと出る簡単レシピです。

Le petit truc!
旬の新鮮なフルーツを、自由に焼き込んで
フルーツは新鮮であれば種類は問いません。洋ナシ、アンズ、イチゴなど。酸味のあるフルーツだと味わいにメリハリが出ます。

材料（4〜8人分）
〈18×24×7cmの角型1個分〉
プルーン20個／砂糖125ｇ／薄力粉100ｇ／卵3個／牛乳200㎖／クレーム・フレッシュ（乳脂肪分30％）50㎖※1／キルシュ酒15㎖／バニラ風味の砂糖※2 1袋（7.5ｇ）／塩ひとつまみ／溶かしバター適量

※1　68ページ参照。
※2　Sucre Vanillé：フランスでは、バニラ風味をつけた砂糖が市販されている。バニラビーンズよりも安価なので、家庭では焼き菓子やクリームの風味付けによく使われている。なければバニラビーンズやバニラオイルをそのまま使ってもよい。

作り方
1. プルーンは種に沿って中央に切り込みを入れ、種を取り出して実を集めておく（写真A）。焼き型に溶かしバターを塗り、皮を上にしてプルーンの実を並べる。オーブンは180℃に温めておく。
2. ボウルに砂糖、薄力粉を入れて木べらで混ぜる。卵をひとつずつ割り入れて混ぜていく（写真B）。
3. 牛乳とクレーム・フレッシュ、キルシュ酒、バニラ風味の砂糖、塩を加えて混ぜる（写真C）。
4. プルーンが並んでいる1の型に、4の生地を静かに流す（写真D）。180℃に温めておいたオーブンで35分間焼く。串を刺してみて、ぬれた生地が付かなくなったら焼き上がり。焼きたては大きく膨らんでいるが、時間が経つとすぐにしぼむ。焼きたてもよいが、粗熱がとれたところで冷蔵庫に入れ、ひと晩おき、生地がなじんだところで食べてもおいしい。

クレマン・ド・ブルゴーニュの
ロゼと合わせると、フルーツ
の香りが見事に引き立った。

父のヴィトーさんは、アニエスさんのクレマン造りのよきアドバイザー。

「子供の頃、最初に作った料理はカルボナーラ。母は味よりも、鍋や皿のぶつかる大音量をよく覚えてる！」と笑うアニエス・ヴィトーさん。

Agnès Alberti
フルーツの味わいをぎゅっと焼き込む家庭のお菓子

　ブルゴーニュ地方の南にあるリュリィ村で1951年から発泡酒「クレマン・ド・ブルゴーニュ」を造ってきた、ヴィトー＝アルベルティ一家。3代目を引き継いでいるのは、一家の一人娘、アニエス・ヴィトーさんだ。

　「クレマンに合うお菓子といえば、『クラフティ』。とっても簡単なのよ」。摘みたてのプルーンと生地を型に流し込み、オーブンに入れて焼き上げる。プルーンの酸味が利いたアツアツのクラフティは家庭ならではの「あったかおやつ」だ。

> Les vins locaux

Crémant de Bourgogne
クレマン・ド・ブルゴーニュ（左）

Crémant de Bourgogne Rosé
クレマン・ブルゴーニュ　ロゼ（中央）

Crémant de Bourgogne "Cuvée Agnès"
クレマン・ド・ブルゴーニュ
「キュヴェ・アニエス」（右）

リュリィ村はブルゴーニュの南のコート・シャロネーズ地区内では最北にある。したがって、ブドウが熟しすぎないうちに摘むクレマン・ド・ブルゴーニュ造りに適している。シャルドネ、ピノ・ノワール、アリゴテ種のブレンドで香りは繊細だが味はもっちり。ロゼはピノ・ノワール100％。キュヴェ・アニエスはレモンのような爽やかさとコクがある。

Un peu d'histoire

メゾン・ヴィトー＝アルベルティ

創業時からシャンパンと同製法の「クレマン・ド・ブルゴーニュ」のみを製造、アニエス・ヴィトーさんが引き継いだ。日本未入荷の赤のスパークリングは訪問時に必飲。

Maison Vitteaut-Alberti

DATA
16 Rue de la Buisserolle, 71150 Rully
☎03 85 87 23 97　contact@vitteaut-alberti.fr
8:00〜12:00, 14:00〜18:30（月〜土）
● Paris Bercy（パリ・ベルシー）駅よりTGV線でBeaune（ボーヌ）駅まで約2時間20分。ボーヌから車で約20分。

輸入元：(株)ミレジム　☎03-3233-3801

Dessert #02

ヴェルヴェーヌ風味の パンナコッタ

La panna cotta verveine

20世紀前半のフランスではイタリアからの移民が相次ぎました。そのため、ラングドックや南ローヌには、イタリア出身の祖父母をルーツとするワイナリーが少なくありません。家庭の料理や菓子にも時々イタリア色が出ます。パンナコッタもイタリアのお菓子ですが、フランスでハーブティとしてよく飲まれるヴェルヴェーヌ（レモンバーベナ）で風味付け、爽やかに仕上げます。

材料（8人分）

低脂肪牛乳（乳脂肪分1.5〜1.8％）750mℓ※／生クリーム250mℓ／粉砂糖120g／レモンバーベナ（フレッシュ）50g／イチゴ125g／キイチゴ50g／板ゼラチン12.5g／レモンバーベナ（飾り用）適量　※普通の牛乳でもよい。

作り方

1. 牛乳と生クリーム、粉砂糖を深鍋に入れて火にかける。沸騰したら1分間ほど泡立て器で混ぜながら煮詰め、砂糖を溶かす。
2. 火からおろしてレモンバーベナの葉を加え、蓋をして15分間抽出し、漉す。
3. 約40℃まで下がったら、冷水（材料外）でふやかしたゼラチンの水気をよく切って加え、混ぜながらよく溶かす。
4. 粗熱が取れたらゼリー型やカップなど好みの容器に流し、冷蔵庫でひと晩冷やす。
5. イチゴとキイチゴを洗ってミキサーにかける。目の細かい漉し器で漉して種を除く。
6. 4を熱湯に浸して表面を溶かし型から出す。皿に盛りレモンバーベナと5を添える。

ミュスカ（マスカット）から造るラングドックの甘口ワイン「ミュスカ」をよく冷やして一緒に楽しむのもおすすめ。

Dessert #03

カスタードクリームの
キイチゴ添え

Crème pâtissière à la framboise

フレッシュなフルーツを使った簡単なデザートは、どこの家庭でも人気です。そこでカスタードクリームを添えて楽しめるレシピを紹介します。ここではキイチゴを使っていますが、フレッシュなイチゴやブドウなどでもおいしくできます。カスタードクリームのバニラビーンズはエッセンスでも代用できますが、その場合には香りが飛ばないように、クリームの粗熱が取れてから加えてください。

材料（6人分）

卵黄4個分／砂糖300g／薄力粉100g／牛乳1000㎖／バニラビーンズ1本※／キイチゴ500g／ウエハース適量／ミント（飾り用）適量　　※バニラエッセンス少量でも代用可能

作り方

1. 卵黄と砂糖をボウルに入れ、泡立て器で白っぽくなるまで混ぜる。
2. 薄力粉を加えてよく混ぜ、分量のうち100mlの牛乳を加えて溶きのばす。
3. 残りの牛乳を鍋に入れ、縦に割いたバニラビーンズを加え、火にかけて牛乳がひと肌になるまで3〜4分間温める。
4. バニラビーンズを取り出し、2に少量ずつ加えてさらに溶きのばす。
5. 鍋に漉し入れ、焦がさないように木べらで混ぜながら中火で加熱。クリームを木べらですくって落ちるくらいになったら火からおろす。
6. 金属製のバットに流し、氷水で手早く冷やしてから好みの器に分け入れる。キイチゴをのせ、冷蔵庫で2〜3時間冷やす。ウエハースとミントを添えて完成。

カスタードクリームの甘さを控えめにして、甘口のスパークリングワインと合わせても。

Dessert #04

セヴェンヌ産リンゴのタルト

Des pommes "Reinettes du Vigan" caramélisées sur un fond de pâte brisée

　南ローヌのワイナリー「ドメーヌ・レリス・マジエール」のオディールさんが考案した、近隣のセヴェンヌ産のリンゴを使ったタルトのレシピ。身がしまって酸味のある紅玉やピンク・レディーなどで代用できます。リンゴにパイ皮をかぶせて焼きますが、タルト・タタンのようにリンゴが飴色になるまで火を入れないので、ややあっさりとした味わいです。パイ皮は市販品で手軽に作りましょう。

材料（直径20cmのケーキ型1個分）

リンゴ 1〜1.5kg※／バター 50g／砂糖60g／バニラ・シュガー 1袋／パイ皮 1枚
※リンゴの分量は、リンゴの大きさや型によって調整する。

作り方

1. リンゴの皮をむいて8等分し、芯を取り除いて2つに切る。オーブンを180℃に温める。
2. 分量の約2/3量のバターをケーキ型(底の抜けないもの)にきざんで入れる。
3. 2をオーブンの中段に入れて溶けたら、砂糖をまんべんなくふり入れて、再び加熱し、キャラメル色になったら取り出す。
4. リンゴをぎっしり詰める。バニラ・シュガーと残ったバターをきざんでかける。バニラ・シュガーがない場合は5gのグラニュー糖を散らし、好みの洋酒などで風味を付ける。オーブンに入れ、180℃で25〜30分間、リンゴが茶色くなるまで加熱する。
5. パイ皮をかぶせる。タルトのふちを作るため型の内側にかぶせ、200℃のオーブンで約20分間焼く。生暖かい程度に冷えたら、型の上に皿をかぶせてひっくり返す。

フランス中部、ソローニュの「タルト・タタン」の濃厚な味わいとはかなり異なる。ややあっさりした味わいのタルト。

08
Voyage Gourmand

小さな美食旅行

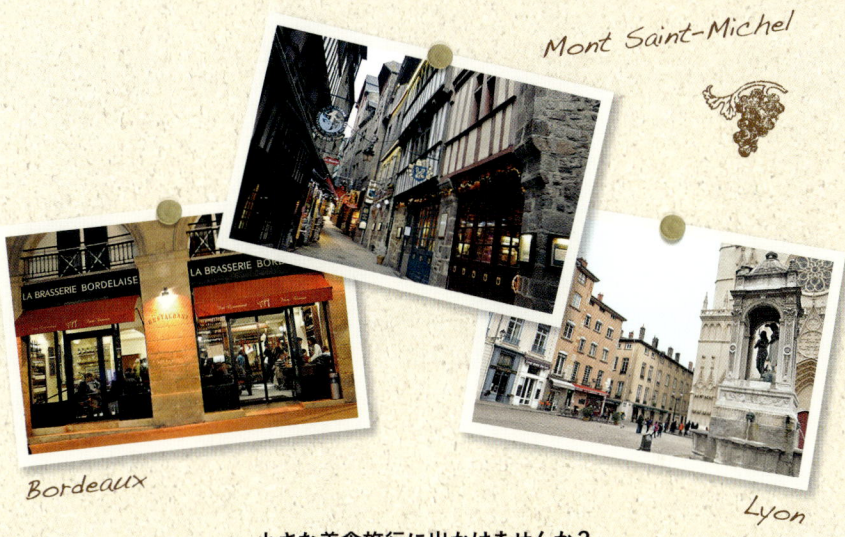

Mont Saint-Michel

Bordeaux

Lyon

小さな美食旅行に出かけませんか？
リヨン、ボルドー、モン・サン＝ミッシェル。
お酒飲みで食いしん坊なら、
ぜひ訪れてみたい街と名物をご紹介します。
時間に余裕の持てる個人旅行に
おすすめのお店やスポットです。
ゆっくり回って、あちこちで食べたり、
飲んだりしていると、また新しい発見があるはず。
あなただけの素敵な思い出やおみやげを
たくさん持ち帰ってください。

Voyage Gourmand

Lyon
リヨン

　グルマン（食いしん坊）にとって、おもちゃ箱をひっくり返したような心弾む街といえば、リヨンです。石畳の旧市街地には、大衆的な郷土料理を出す「ブション」があり、シンボルマークの操り人形「ギニョール」が目を惹きます。お菓子屋さんには真っ赤な砂糖がけのアーモンドやタルト、カラフルな色合いのリキュール屋さん、そして駅の近くには大きな常設市場もあり食通天国。ウエストゆるめの服でお出かけください。

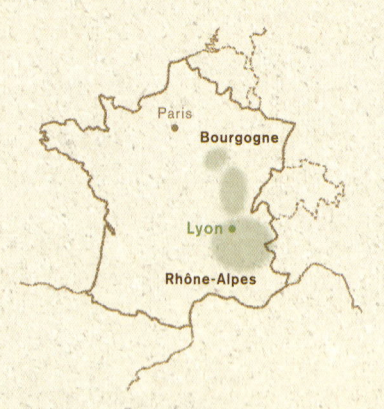

地元で人気のブションは、あらかじめ予約をするか、開店したばかりの時間が狙い目です。

Adresses gourmandes

カラフルなお土産がたくさん！

旧市街のお菓子屋さんでよく見かけるのが、砂糖がけのアーモンドやそれを使った真っ赤なタルト。色鮮やかなフルーツリキュールや薬草酒、色々な花のはちみつの専門店も。常設市場「アル・ド・リヨン ポール・ボキューズ」では土地のソーセージ「ロゼット」やチーズ、生鮮品やワインなど、あらゆる食材が揃います。イートインもあります。

● リキュール、チョコレートの専門店
Caveau Crozet Pralus
12 rue du boeuf 69005 Lyon
☎ 04 72 40 99 66

● 常設市場
Halles de Lyon - Paul Bocuse
102 cours Lafayette 69003 Lyon

● はちみつ専門店
Secrets d'Apiculteur
54 rue Saint Jean 69005 Lyon
☎ 04 78 59 91 24

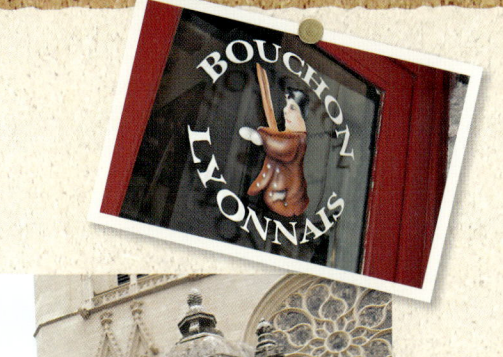

Bouchon

リヨン風居酒屋、ブションは必見

リヨンの大衆居酒屋とでもいうべきビストロが「ブション」です。夜は遅めのスタートですが、いつも混んでいて、独特の名物メニューが揃っています。魚のすり身のクネルやアンドウィエットのグラタンなどの郷土料理が楽しめるブションは、旧市街とその周辺に多くあります。

●ブション
Hugon
12 Rue Pizay 69001 Lyon
☎04 78 28 10 94

Pot lyonnais

ポ・リヨネを飲もう！

リヨネー（リヨンっ子）のデイリーワインを知りたいなら、ブションで「ポ・リヨネ」というカラフワインを頼みましょう。460mlの厚底のガラス瓶の中身は、ボジョレーやマコン、コート・デュ・ローヌ産のワイン。ブルゴーニュでも南のワインが多く、親しみやすい雰囲気を漂わせています。ポ・リヨネのボトルはお土産屋さんでも買えます。

DATA

Paris Lyon（パリ・リヨン）駅よりTGV線でLyon Part Dieu（リヨン・パールデュー）駅へ約2時間もしくはシャルル・ド・ゴール空港からLyon-Saint Exupery（リヨン・サン・テグジュペリ）空港まで空路で約1時間10分、空港からリヨン・パール・デューまで車で30分。

125

Voyage Gourmand

Mont Saint-Michel
モン・サン＝ミッシェル

　フランス北西部、大西洋岸の岩山に建つ巡礼地モン・サン＝ミッシェルがあるのはノルマンディの南端、ブルターニュとの境。そのため少し寄り道すれば、両地域の食文化も楽しめます。まずは大西洋岸の魚介類、プレ・サレと呼ばれる仔羊、そして、とりわけ上質のバターやチーズなどの乳製品。時にはダイエットを忘れて、新鮮で魅惑的な風味を満喫してみませんか？

Normandie
Paris
Mont Saint-Michel
Bretagne

Beurre salé
新鮮なバターを心ゆくまで味わう

乳製品の豊かな北西部の中でも、ブルターニュのバターは質が高く、無塩バターが主流のフランスにあって有塩バターの消費量が突出して多い地域。バターたっぷりのサブレやデザートを満喫したら、新鮮なバターのおみやげはいかが？　シェフや食通に人気の海藻入りバター「ボルディエ」の店がサン・マロにあります。

●バター工場が見学できる店
La Maison du Beurre
9 rue de l'Orme 35400 saint Malo intra muros
☎02 99 40 88 79
www.lebeurrebordier.com
※ボルディエは一部製品が日本にも輸入されていますが、こちらの店では昔ながらのバターの製造工程が見学できます。レンヌの市場にもショップあり。

Cotriade

島外で満喫する海の幸

魚介のスープはマルセイユのブイヤベースだけではありません。ブルターニュ名物コトリヤードはサフランの入らない魚のスープです。また、ムール貝や地元の仔羊、名物の大きなオムレツをお試しあれ。せっかく行くなら、クオリティの高い島外の街道沿いのレストランがおすすめです。食後のカマンベールチーズもお忘れなく！

●モン・サン＝ミッシェル島外の店
Le Relais du Roy
BP 08, route du Mont Saint-Michel 50170 Le Mont-Saint-Michel ☎02 33 60 14 25 ※レストランの近くから島の入り口までバスの定期便あり。

パリからレンヌを中継してバスでの日帰り観光も可能ですが、レンヌやサン・マロにも足を延ばすと楽しいですよ。

Carvados

リンゴのお酒に酔う

ブドウの育たないブルターニュとノルマンディでは、リンゴの発泡酒、シードルの製造がとりわけ盛ん。名物のガレット（そば粉のクレープ）とは定番のマリアージュです。また、ノルマンディにはシードルから造ったリンゴの香り爽やかなブランデー、カルヴァドスも。これを宴の中盤で一気飲みしつつ、食事をする「ノルマン人の穴ぼこ」という習慣があります。

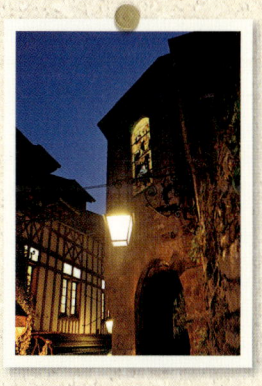

DATA

Paris Montparnasse（パリ・モンパルナス）駅よりTGV線でRennes（レンヌ）駅まで約2時間。レンヌ駅北口のから島までのバスが出ている。島の手前の街道沿いのレストランへは、終点のひとつ前で降りる。
www.keolis-emeraude.com

Voyage Gourmand

Bordeaux

ボルドー

　ボルドーといえばワインだけではありません。ガロンヌ河が三日月形に流れ込む、裕福な港街ボルドーでは汽水域の川魚や大西洋岸の新鮮なカキ、ヒラメなど魚介類も美味。また、ポイヤック産の仔羊やボルドー風のアントレコート（牛リブロースステーキ）も名物で、お肉好きにも嬉しい街です。南西部の名産品のトリュフやフォワグラも集まってくるボルドーはワインと食材の交易地。おなかがなってきませんか？

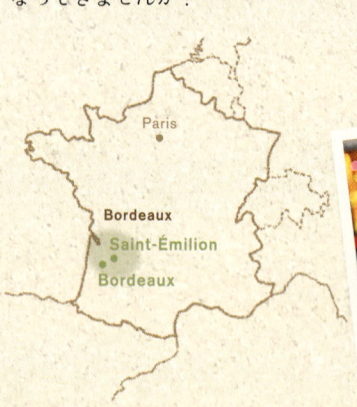

Macaron

お菓子とワインはサンテミリオンで

ボルドー中心部から電車で1時間弱の小さな町サンテミリオン。中世の姿をとどめる町並みには、手ごろでおいしいワインやお菓子の店があります。カヌレも有名ですが、17世紀に生まれたというマカロンはいかが？　サンテミリオンの茶色くて平べったい素朴なマカロンは、パリ風の色鮮やかなスタイルとは全く異なります。

●マカロン・ド・サンテミリオンの店
Madame Blanchez
9 rue Guadet 33330 Saint-Emilion
☎05 57 24 72 33　http://www.macarons-saint-emilion.fr

Sauce bordelaise

ワインと料理のマリアージュ天国

老舗のブラッスリーやレストランで見かける郷土料理が、赤ワインで煮込んだ「ヤツメウナギのボルドー風」。洗練されたサバの味噌煮のような味です。肉料理もソース・ボルドレーズ(ボルドー風ソース)は、赤ワインとエシャロット、ハーブが入っていて、赤ワインとよく合います。

●気軽に郷土料理を楽しめる店
La Brasserie Bordelaise
50 rue Saint Rémi 33000 Bordeaux ☎05 57 87 11 91

ボルドーには、観光局主催のワイナリー見学ツアーや地元レストランで食事をしたり、チーズと合わせる会などもあります。
ボルドー観光局 www.bordeaux-tourisme.com

Vin blanc

現地で飲むなら白ワイン？

ボルドーのワインは赤だけではありません。現地ならではの、みずみずしい味わいのリーズナブルな白ワインを生ガキに合わせてどうぞ。日本にはあまり多くの種類が入らない甘口ワインもおすすめ。また、ビストロの赤ワインは、高級なメドック産よりも少し手ごろで知名度の低いサンテミリオン産が多く、これも楽しいです。

●ワインバー
Bar à Vin
3 Cours du 30 juillet 33075 Bordeaux
☎05 56 00 43 47

●生ガキの専門店
La Boîte à Huîtres
36 cours du chapeau rouge 33000 Bordeaux
☎05 56 81 64 97

DATA

Paris Montparnasse(パリ・モンパルナス)駅よりTGV線でBordeaux Saint-Jean(ボルドー・サン・ジャン)駅まで約3時間。市内へはトラムかタクシー利用。もしくはシャルル・ド・ゴール空港からBordeaux Mérignac(ボルドー・メリニャック)空港まで飛行機で約1時間。市内へはリムジンバスかタクシー利用。

129

Carte des Vignerons

とっておきレシピを教えてもらった
小さなワイナリーを産地ごとに紹介。
パリからちょっと足をのばして、
ワイナリーめぐりやフランス各地の
素材を活かした美味しい食べ物を
探しにいきませんか？

NETHERLANDS

GERMANY

BELGIUM

Nord-Pas-de-Calais
Lille
Valenciennce
Haute-Normandie
TGV-Haute-Picardie
Ile-de-France
Picardie
Le Havre
Champagne-Ardennes
Champagne&Alsace
AéroportCDG-TGV
Metz
Basse-Normandie
Versailles Paris
Marne-la-Vallée-Chessy
Nancy
Alsace
Massy
Lorraine
Barr
Strasbourg
Brest
Troyes
Sélestat
Quimper
Bretagne
Sens
Colmar
Rennes
Le Mans
Mulhouse
Pays De la Loire
Sablé sur-Sarthe
Vendôme TGV
Laroche-Migennes
Montbard
Franche-Comté
Savenay
Angers
Tours
Centre
Cosne-sur-Loire
Beaune
Dijon
Besançon
Le Croisic
St-Pierre-des-Crops
Bourgogne
Dole
Zurich
Nantes
Frasne
La Roche-sur-Yon
Loire
Le Creusot TGV
SWITZERLAND
Poitiers
Bourgogne
Chalôn-sur-Saône
Les Sables-d'Olonne
Ruffec
Vichy
Mâcon TGV
Lausanne
La Rochelle
Limousin
Genève
Poitou-Charente
Lyon
Limoges
St-ExupéryTGV
Landry
St-Étienne
Auvergne
Modane
Grenoble
Rhône-Alpes
Valence Ville
ITALY
Bordeaux
Valence TGV
La Teste
Languedoc&Rhône
Provence-Côte d'Azur
Aquitaine
Languedoc-Roussillon
Avignon TGV
Midi-Pyrénées
Nîmes
Aix-en-Provence TGV
Nice
Montpellier
Cannes
Toulouse
Béziers **Sète**
Marseille
Iron
Agde
Toulon
Tarbes
Lourdes
Carcassonne
Narbonne

SPAIN

131

Map labels:
- Aurillac
- Valence TGV
- **Domaine les Bruyères** ドメーヌ・レ・ブリュイエール ▶P33
- Montélimar
- Rodez
- Pierrelatte
- **Domaine la Cabotte** ドメーヌ・ラ・カボット ▶P37
- Bollène
- **Domaine Pierre Usseglio** ドメーヌ・ピエール・ユッセリオ ▶P41
- Millau
- **Domaine Bois de Boursan** ドメーヌ・ボワ・ド・ブルサン ▶P45
- Orange
- **Leyris Maziere** レリス・マジエール ▶P23
- Avignon TGV
- **Mas de Janiny** マス・ド・ジャニーニ ▶P19
- Nîmes
- Saint Rémy de-Provence
- **Mas Saint Laurent** マス・サン・ローラン ▶P15
- Arles
- Montpellier
- **Mas Gabinèle** マス・ガビネル ▶P27
- Sète
- Martigues
- **Clos Bagatelle** クロ・バガテル ▶P11
- Agde
- Béziers
- Carcassone

Languedoc & Rhône

ラングドック & ローヌ

ラングドックのワイナリー巡りの拠点とするなら、地方都市のMontpellier駅が便利。南ローヌはAvignonから近郊の町へのバスや電車が出ています。

Bourgogne
ブルゴーニュ

ブルゴーニュのシャブリ地区へはパリから日帰りが可能です。コート・ド・ドール地区にはBeaune駅、さらにはLyon駅で降りても。

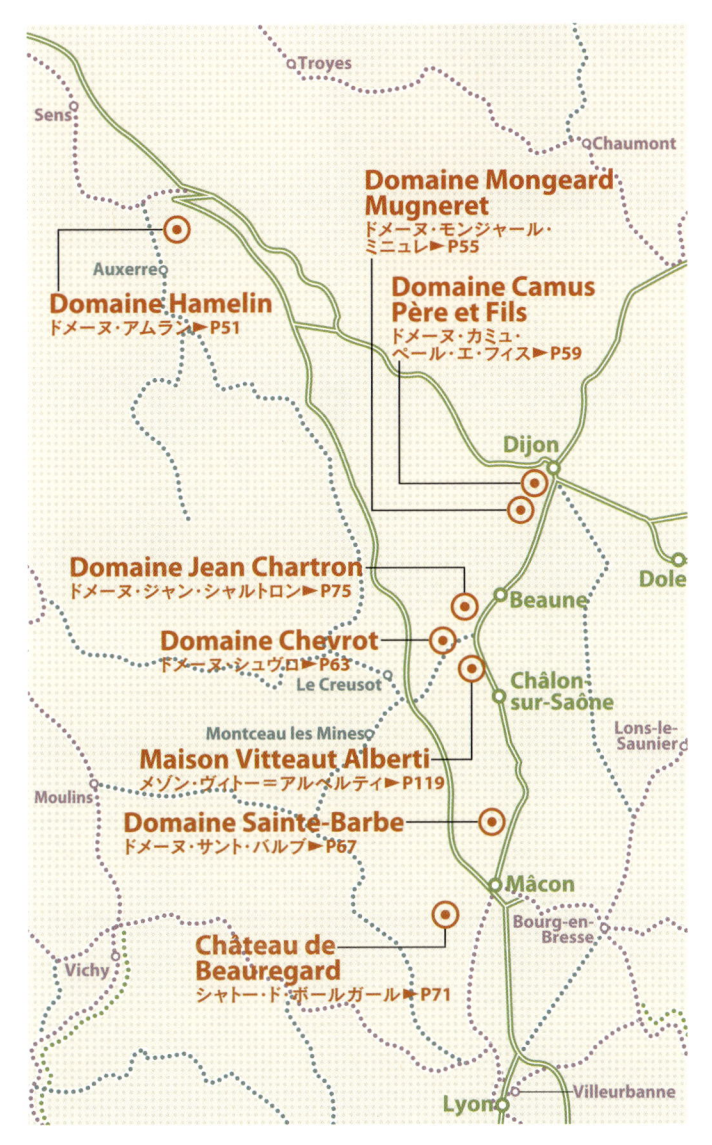

Domaine Mongeard Mugneret
ドメーヌ・モンジャール・ミュニュレ ▶P55

Domaine Hamelin
ドメーヌ・アムラン ▶P51

Domaine Camus Père et Fils
ドメーヌ・カミュ・ペール・エ・フィス ▶P59

Domaine Jean Chartron
ドメーヌ・ジャン・シャルトロン ▶P75

Domaine Chevrot
ドメーヌ・シュヴロ ▶P63

Maison Vitteaut Alberti
メゾン・ヴィトー＝アルベルティ ▶P119

Domaine Sainte-Barbe
ドメーヌ・サント・バルブ ▶P67

Château de Beauregard
シャトー・ド・ボールガール ▶P71

Champagne & Alsace
シャンパーニュ & アルザス

シャンパーニュといえばランスですが、Troye駅なら観光にも便利。アルザスはStrasbourg駅が拠点。ドイツのシュトゥットガルトやスイスのバーゼルへも約1時間でアクセス可能です。

Châlons-en-Champagne

Troyes

Loire
ロワール

アンジェ地区の場合は、Angers-Saint-Laud駅、ミュスカデ地区の場合はNantes駅へ。サンセール地区へはCosne-sur-Loire駅へ。モン・サン・ミッシェルはRenne駅からが便利です。

Rennes　Laval　Le Mans　Orléans
Vendôme
Blois

Gitton Père & Fils
ジットン・ペール・エ・フィス ▶P101

Angers　Tours　Vierzon　Bourges

Nantes

Domaine de Bablut
ドメーヌ・ド・バブリュ ▶P105

Coulée de Serrant
クレド　セラン ▶P109

Domaine des Cognettes
ドメーヌ・デ・コニエット ▶P113

Poitiers　Châteauroux

Fontenay-le-Comte

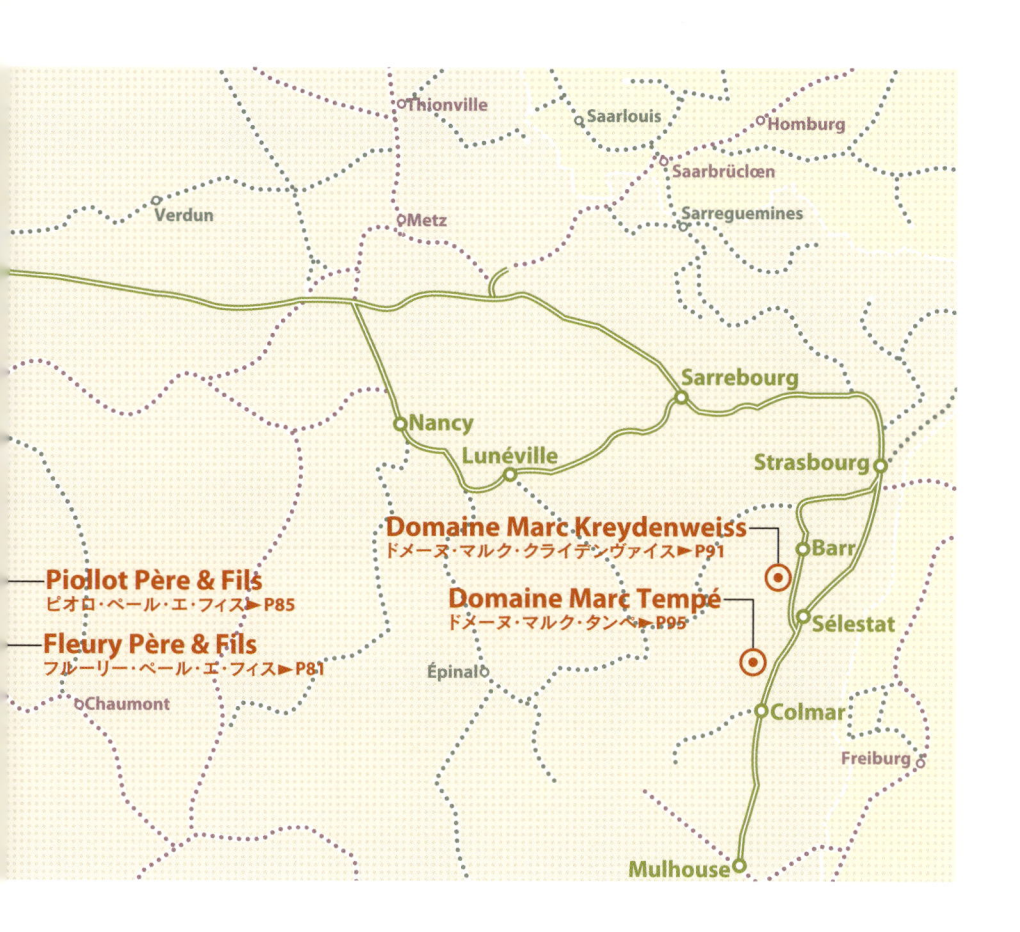

Piollot Père & Fils
ピオロ・ペール・エ・フィス ▶P85

Fleury Père & Fils
フルーリー・ペール・エ・フィス ▶P81

Domaine Marc Kreydenweiss
ドメーヌ・マルク・クライデンヴァイス ▶P91

Domaine Marc Tempé
ドメーヌ・マルク・タンペ ▶P95

Bon voyage et
bonne dégustation!

著者紹介
伊藤由佳子（いとう・ゆかこ）

食の専門出版社「柴田書店」を経て、フランスワイン輸入商社に入社。その後、フランスに留学。ワイン・料理専門の編集記者となり『料理王国』、仏誌『Terre de Vins』などで活躍中。日本ソムリエ協会認定ワインエキスパート、ル・コルドンブルー「フランス美食文化・言語ディプロム」、フランスパリ商工会議所認定「商業フランス語ディプロム」取得。フランスの郷土料理とワイン畑を訪ねて、日仏両国を行き来する日々を送る。

● 本書は『料理王国』2010年5月号から2012年8月号まで連載された「ローカルワインに捧げるローカルフード」をもとに再編集したものです。本書に掲載されたデータは2013年2月現在のものです。ワイナリーの情報、路線などは変更することがありますので、ご了承ください。

photos : Takehiko Niki (P47, P48-51, P56-75, P116-120, P121, P135)
Taisuke Yoshida (P3, P12-23, P30-45, P76下, P88-95, P122)
Toshiaki Miyamoto (P8-11, P24-27, P52-55, P78-85, P102-105, P110-113, P120, P127中)
Junichi Akahira (P28上, P98-101, P106-109, P134下)
cartes : DESIGN WORK SHOP JIN, inc.

madame FIGARO books

ワインに合う
フランスとっておき
田舎レシピ

2013年2月26日　初版発行

著　者　　伊藤由佳子
発行者　　五百井健至
発行所　　株式会社 阪急コミュニケーションズ
　　　　　〒153-8541 東京都目黒区目黒1丁目24番12号
　　　　　電話　03-5436-5721（販売）
　　　　　　　　03-5436-5735（編集）
　　　　　振替　00110-4-131334

編集協力　　田村 亮

ブックデザイン　SANKAKUSHA

印刷・製本　大日本印刷株式会社

©Yukako Ito, 2013
Printed in Japan
ISBN978-4-484-13205-1

落丁・乱丁本はお取替えいたします。